东北振兴与东北亚区域合作

Revitalization of Northeast China and Regional Cooperation in Northeast Asia

总第六辑（2020 年第 2 期）

林木西　主编

中国财经出版传媒集团
经济科学出版社
Economic Science Press

图书在版编目（CIP）数据

东北振兴与东北亚区域合作．总第六辑：2020年．第2期/
林木西主编．—北京：经济科学出版社，2021.5
ISBN 978-7-5218-2499-5

Ⅰ.①东… Ⅱ.①林… Ⅲ.①区域经济发展-研究-
东北地区②东北亚经济圈-区域经济合作-研究
Ⅳ.①F127.3②F114.46

中国版本图书馆CIP数据核字（2021）第069739号

责任编辑：陈赫男
责任校对：隗立娜
责任印制：范　艳　张佳裕

东北振兴与东北亚区域合作
林木西　主编
经济科学出版社出版、发行　新华书店经销
社址：北京市海淀区阜成路甲28号　邮编：100142
总编部电话：010-88191217　发行部电话：010-88191522
网址：www.esp.com.cn
电子邮箱：esp@esp.com.cn
天猫网店：经济科学出版社旗舰店
网址：http://jjkxcbs.tmall.com
北京季蜂印刷有限公司印装
710×1000　16开　9.75印张　200000字
2021年5月第1版　2021年5月第1次印刷
ISBN 978-7-5218-2499-5　定价：39.00元
（图书出现印装问题，本社负责调换。电话：010-88191510）

《东北振兴与东北亚区域合作》

Revitalization of Northeast China and Regional Cooperation in Northeast Asia

前言

PREFACE

经过辽宁大学东北振兴研究中心、辽宁省东北地区面向东北亚区域开放协同创新中心的认真准备和相关研究人员、编辑的共同努力，致力于东北及东北亚经济研究的这本专业学术文集正式出版，这是我们在推动东北及东北亚经济研究方面的又一项重要努力，也为相关研究人员、专家学者进行学术交流、展示学术成果、扩大学术影响提供了又一重要媒介平台。

2017 年，辽宁大学应用经济学科入选教育部建设世界一流学科序列，是东北地区唯一一家入选的经济学科；同年，辽宁大学东北振兴研究中心入选中国智库索引（CTTI）来源智库。“东北地区面向东北亚区域开放协同创新中心”于 2014 年获批为辽宁省协同创新中心。上述单位多年来致力于东北及东北亚经济、区域经济方面的研究，先后获批相关领域国家级重大、重点项目十多项，产生了一批标志性成果，为推动区域经济发展发挥了重要作用。

当前，中国特色社会主义进入新时代，东北经济发展、东北亚区域合作出现许多新情况与新问题，面临许多新挑战与新机遇，也给学术界提供了许多亟待研究的新课题。目前，国内外对于东北经济问题非常关注，学术界也已经形成东北振兴战略实施以来的第二波研究高峰。辽宁大学应用经济学科在学科建设规划中，继续将东北振兴与东北亚区域合作作为教学科研主攻领域，希望与学界同仁共同努力，推动相关研究进一步深入，为东北振兴与区域发展贡献力量。

《东北振兴与东北亚区域合作》集聚了具有较高质量的东北振兴、东北亚区域合作及相关领域的研究论文、综述、调查报告。主要涵盖了“东北经济”“东北亚区域合作”“一带一路”“区域经济”“产业经济”“宏观经济”“理论热点”“书评”等方面的内容。特别欢迎有关东北体制机制、经济结构、东北经济史、非正式制度与正式制度分析、东北亚政治经济最新发展等方面的原创性论文及文章。

求道无篱，经世致用，《东北振兴与东北亚区域合作》坚持理论联系实际，鼓励学术创新争鸣，努力营造自由、平等、宽松、严谨的学术研究环境氛围。学术乃天下之公器，文章为经国之大业。我们感谢学界同仁对文集的支持与帮助，愿与大家一起，齐心合力，为推动东北经济研究进一步深入而努力奋斗。

林木西

2018 年 6 月

目录

CONTENTS

辽宁加快建设对俄开放合作高地研究*

刁秀华**

摘　要：中俄两国加强在俄罗斯远东地区的合作是两国元首达成的重要共识，也是双方务实合作的优先方向。习近平总书记在2018年深入推进东北振兴座谈会上强调，东北地区要加强对俄罗斯、日本、韩国等东北亚国家合作；在2019年中央财经委员会第五次会议上强调，东北地区要打造对外开放新前沿。东北地区是我国向北开放战略和俄罗斯远东开发战略的交汇点，辽宁要紧紧把握历史机遇，充分发挥辽宁对俄合作的产业、交通运输、港口等方面的优势，切实推进双方在陆海联运、经贸投资、资源开发等领域的合作，全力构建内外联动、陆海互济的全面开放新格局，把辽宁建成对俄罗斯远东地区开放合作的高地和桥头堡。

关键词：区域合作　开放前沿　合作高地　对策建议

* 基金项目：教育部人文社会科学研究规划基金项目"俄罗斯减贫措施及对上合组织中亚和印巴成员国的启示研究"（19YJAGJW002）；国家社科基金重大项目"建设面向东北亚开放合作高地与推进新时代东北振兴研究"（20&ZD098）；辽宁省社会科学基金项目"新时期辽宁加快建设对东北亚开放合作新高地研究"（L20BJL009）；辽宁省教育厅科学研究项目"辽宁如何发挥在东北亚经济圈中的优势与作用研究"（LN2019Z01）；辽宁省经济社会发展研究基地重点项目"辽宁加快建设对俄开放合作高地研究"（2021lsljdzdkt－003）；大连理工大学基本科研业务费项目"打造'一带一路'北向通道下中俄区域经济合作新进展"（DUT20RC（3）101）。

** 作者简介：刁秀华（1973～），女，黑龙江依兰人，大连理工大学东北亚国际发展和合作研究中心研究员，博士，研究方向为俄罗斯经济、东北亚区域经济合作、上合组织区域经济合作问题。

一、辽宁深度融入“一带一路”建设对外开放合作高地背景分析

党的十九大报告指出，要以“一带一路”建设为重点，坚持“引进来”和“走出去”并重，遵循共商共建共享原则，加强开放合作，形成陆海内外联动的开放格局。① 习近平主席在2018年9月俄罗斯符拉迪沃斯托克召开的第四届东方经济论坛全会上强调，中国将加强在俄远东及东北亚地区的合作，携手开创远东和东北亚更加美好的明天。② 2018年9月28日，在深入推进东北振兴座谈会上习近平主席指出，东北地区对外开放进展慢，融入共建“一带一路”大格局尚未形成。面对全国开放大格局与国际局势变化大环境，要以战略眼光谋划对外开放，深度融入共建“一带一路”，建设开放合作高地。强调东北地区要加强与俄罗斯、日本、韩国等国在经贸投资、互联互通、产能科技及金融等领域合作，要打造中俄合作的桥头堡，加快推进中俄滨海国际交通走廊等跨境基础设施项目，加强制造业合作。③ 这是习近平总书记站在“一带一路”大格局的背景下，对包括辽宁在内的东北地区共建“一带一路”的精准定位，也是东北地区的历史使命和责任担当，为东北地区深度融入共建“一带一路”、建设开放合作高地指明了奋斗方向，提供了根本遵循。在2019年8月中央财经委员会第五次会议上习近平总书记强调，东北地区要打造对外开放新前沿，实现全面振兴。④

可见，近年来习近平总书记不断为中国东北地区准确“把脉”并给出“良方”，成为辽宁深度开展对东北亚尤其是俄罗斯远东地区开放合作的重要战略引领，标志着包括辽宁在内的东北地区与俄罗斯远东地区经济合作进入新时期和新的发展阶段。

二、打造辽宁对俄罗斯远东地区合作的桥头堡和枢纽站

加强中俄两国在俄罗斯远东地区的合作是两国元首达成的重要共识，也是双方务

---

① 刁秀华：《中国东北与俄罗斯远东超前发展区对接合作研究》，载《财经问题研究》2018年第4期，第116－122页。

② 吴焰、杜尚泽、屈佩：《习近平出席第四届东方经济论坛全会并致辞》，载《人民日报》2018年9月13日。

③ 梁启东：《东北振兴：深度融入与全面开放》，http：//news. nen. com. cn/system/2019/10/04/020933774. shtml。

④ 《习近平主持召开中央财经委员会第五次会议》，http：//www. xinhuanet. com/politics/2019－08/26/c_1124923884. htm。

实合作的优先方向，包括辽宁在内的东北地区在“一带一路”建设中被定位为中国向北开放的重要窗口，积极参与“一带一路”建设已成为辽宁新一轮振兴的重要路径。中国振兴东北战略和俄罗斯远东开发战略的同步实施，进一步提升了双方区域经济合作水平，无论是对东北地区新一轮振兴，还是对俄罗斯远东地区的发展，都具有重要的战略意义。

辽宁不仅工业和农业基础雄厚，而且具有沿边、沿海的地理优势，在经济、科技、文化等方面与东北亚地区交流频繁，具备成为东北亚合作中心的条件和基础。辽宁与东北亚各国尤其是与俄罗斯远东地区的合作不仅有利于发挥双方的互补优势，实现共赢发展，而且有利于共建“一带一路”倡议同俄罗斯远东开发战略的对接，打通“海上丝绸之路”的北向新通道。辽宁省是东北地区唯一具有沿海、沿边优势的省份，是中国面向东北亚地区的陆海双重“门户”。近两年，辽宁省正在决策创建“一带一路”综合试验区，提出要充分发挥出辽宁在东北亚中转枢纽的优势，以及与东北亚各国人员交往密切和经贸互补等优势，探索共建“东北亚经济走廊”。鉴于远东开发已确定为俄罗斯21世纪的优先发展方向，辽宁“一带一路”综合试验区建设总体方案提出的首要任务就是深耕俄罗斯、日本、韩国，引领构建东北亚经济走廊，特别是要紧紧把握俄罗斯对远东地区赋予开发开放特殊政策的历史机遇，强化陆海空互联互通，推进装备制造业、能源、农业、林业、渔业等领域的互补发展，打造中俄合作的桥头堡。这是辽宁深度开展对俄罗斯远东地区开放合作的重要引领。大连在深耕日韩经贸合作、打造对外开放新高地的同时，要加强与黑龙江、吉林两省的联动沟通，为申建自由贸易港创造条件，形成把大连自贸港建成东北区域自贸港的战略共识，着力打造东北地区对外开放的新高地。

总之，作为“一带一路”倡议中向北开放的重要窗口，包括辽宁在内的东北地区是中国向北开放战略和俄罗斯远东开发战略的交汇点，要紧紧把握历史机遇，深入贯彻落实习近平总书记的讲话精神，推动辽宁深度融入共建“一带一路”，本着政府引导、企业主体、市场运作的原则，在优势互补、合作共赢的基础上，以《中俄在俄罗斯远东地区合作发展规划（2018～2024年）》为指导，充分发挥对俄罗斯远东地区合作的地缘优势、资源优势、产业优势，以及交通运输、陆海联运、港口等方面的优势，务实推进与俄罗斯远东地区的基础设施、经贸投资、资源开发合作，把辽宁建成对俄罗斯远东地区的开放合作高地和桥头堡。

三、构筑对俄罗斯远东地区开放合作高地的有利条件

（一）中俄两国稳固的政治基础是建设对俄远东地区开放合作高地的强大动力

辽宁建设对俄罗斯远东地区开放合作新高地植根于中俄两国深厚的政治关系基础，在由“全面战略协作伙伴关系”进入“新时代全面战略协作伙伴关系”的高水平运行中得以快速发展。在这一进程中，中俄两国元首分别于2013年签署的《中华人民共和国和俄罗斯联邦关于合作共赢、深化全面战略协作伙伴关系的联合声明》、2014年签署的《中华人民共和国与俄罗斯联邦关于全面战略协作伙伴关系新阶段的联合声明》、2017年签署的《中华人民共和国和俄罗斯联邦关于进一步深化全面战略协作伙伴关系的联合声明》和2019年签署的《中华人民共和国和俄罗斯联邦关于发展新时代全面战略协作伙伴关系的联合声明》，这四个政治文件具有十分重要的意义，是中俄关系的“压舱石”，也为两国良好政治关系与紧密经济合作关系的良性互动奠定了政治基础。俄罗斯总统普京认为“俄中全面战略协作伙伴关系已成为保障全球和地区稳定的关键因素”。[①] 而在中俄两国区域经济合作层面，两国共同签署的《中华人民共和国东北地区与俄罗斯联邦远东及东西伯利亚地区合作规划纲要（2009～2018年）》，及此后的《中俄在俄罗斯远东地区合作发展规划（2018～2024年）》，是两个接续性的经济合作文件，不仅有利于推动中俄区域经济合作的发展，而且能够促进辽宁建设对俄罗斯远东地区开放合作的新高地。

（二）“一带一盟”对接合作为辽宁对俄经济合作开辟了广阔空间

“一带一路”倡议为中俄区域经济合作注入了新动力，而2015年5月中俄两国签署的《中华人民共和国与俄罗斯联邦关于丝绸之路经济带建设和欧亚经济联盟建设对接合作的联合声明》，以及2018年5月双方签署的《中华人民共和国与欧亚经济联盟经贸合作协定》，无论对于“丝绸之路经济带”建设的拓展还是对中俄两国经济合作关系的进一步发展和深化，都具有划时代的巨大意义。中国作为上海合作组织的主导国，俄罗斯作为欧亚经济联盟的主导国，在“一带一盟”对接合作中发挥着独特的引领作用。正如俄罗斯总统普京所言，“丝绸之路经济带”和“欧亚经济联盟”，一个是深化合作和促进地区经济发展的宏大构想，一个是利用苏联遗留下来的经济联

① 汪嘉波：《普京：俄中关系是互利合作典范》，载《光明日报》2016年12月2日。

系打造的“多极世界中的一极”。[①]“一带一盟”建设对接合作，既是新形势下中俄两个大国的理性和顺势选择，也标志着中俄两国合作关系在重大国际和地区问题上的新进展和重要突破。同时，“一带一盟”建设的对接表明俄罗斯经济重心转移到东部的经济发展需要，印证了中俄双方在推动地区经济一体化方面的立场愈益吻合，也意味着两国在加强地区合作问题上形成共识并达成了高度一致。这些共同点和利益的高度融合为两国地区经济发展和合作提供了强大动力。普京认为，“一带一盟”对接合作有助于加强中俄双方在高科技、交通和基础设施等领域的合作，特别是推动俄罗斯远东地区的发展。同时，也有助于形成开放、包容、均衡、普惠的区域经济合作架构。

（三）俄罗斯“向东看”战略助推了辽宁对俄远东开放合作高地的建设

自 2013 年 6 月普京总统在圣彼得堡国际经济论坛上表示俄罗斯要进行战略东移后，2014 年的乌克兰危机加速了战略东移进程，促使俄罗斯明确提出“向东看”战略并付诸实施。俄罗斯实施“向东看”战略不仅意味着其试图摆脱西方制裁并实行经济外交战略的调整，而且也表明“向东看”战略作为俄罗斯国家战略与“一带一路”倡议的契合。

由乌克兰地缘政治危机引发的西方对俄罗斯的制裁以及俄罗斯的反制裁，致使俄罗斯深陷与西方国家博弈和对抗，经济遭受重创。为了重振本国经济，俄罗斯在西方制裁期间不断采取反危机措施，并实施从欧洲优先的经济外交取向转为面向亚太地区的“向东看”战略。亚太地区是世界经济发展的“火车头”，经济的快速发展使其对资源有巨大的需求，这为俄罗斯提供了巨大的商机。因此，加快远东地区参与亚太经济一体化是迅速振兴俄罗斯经济的关键，俄罗斯经济要取得长期、持续、稳定发展，必须融入亚太区域经济合作进程。而注重发展与中国的经济合作关系，是俄罗斯做出的现实选择。一方面，俄罗斯“向东看”战略与辽宁新一轮振兴战略在时间上大致吻合，为双方的经济合作创造了条件。另一方面，俄罗斯“向东看”战略与中国“一带一路”倡议的持续推进，对中俄两国尤其是辽宁对俄罗斯远东开放合作高地的建设起到了助推作用，而且也给东北亚地区的经济繁荣与和平发展带来新机遇、新动力。

（四）东北地区新一轮振兴与俄远东开发战略同步实施为双方合作提供新机遇

中国东北地区与俄罗斯远东地区毗邻，近些年来中俄两国在该区域的经贸合作异

---

① Путин, В. Новый Интеграционый Проект для Евразии – Будущее, Которое Рождается Сегодня [N]. Известия, 2011 – 10 – 02.

常活跃，且合作成果丰硕。尤其是2009年9月中俄两国共同签署的《中华人民共和国东北地区与俄罗斯联邦远东及东西伯利亚地区合作规划纲要（2009～2018年）》，极大地推动了中俄经贸合作关系的发展。如今，新形势下中俄两国的地区合作又有了新的发展基础和平台。① 中国东北地区新一轮振兴与俄罗斯远东地区开发新战略的同步实施，为双方地区经济合作对接提供了新机遇。二者紧密联系，中国东北地区与俄罗斯远东地区不仅是中俄两国战略方向的目标区域，同时也是双方重点经济合作区域。中国东北地区新一轮振兴和俄罗斯远东开发战略，是中俄两国为振兴各自地区而实施的国家战略和对外释放的强烈信号。东北地区新一轮振兴战略的实施对俄罗斯远东地区尤其是跨越式发展区来说也是一次历史性重大机遇。同样，东北地区的发展和振兴也寄希望于同俄罗斯特别是俄远东地区的合作。这种合作得到了中俄两国领导人的充分肯定和双方学者的普遍认同。

近年来，党中央、国务院针对东北振兴密集出台了一系列政策措施和规划，尤其是《中共中央国务院关于全面振兴东北地区等老工业基地的若干意见》提出，要加强与周边国家基础设施互联互通，努力将东北地区打造成我国向北开放的重要窗口和东北亚地区合作的中心枢纽。推动丝绸之路经济带建设与欧亚经济联盟、蒙古国“草原之路”倡议的对接，推进中蒙俄经济走廊建设，加强东北振兴与俄远东开发战略衔接，深化毗邻地区合作。这为辽宁加快与俄罗斯远东地区的开发合作提供了便利条件和政策保障，有利于双方在交通、能源、基础设施等领域实现务实合作。而为了加快东部地区发展，俄罗斯在远东地区建立跨越式发展区并设立了符拉迪沃斯托克自由港（“一区一港”），制定并实施各种优惠政策，积极发展远东地区基础设施，明显加大对远东的开发力度和政策的倾斜力度，提供税收减免、土地、基础设施建设等方面最优惠的条件。② 在整体经济规划上，俄罗斯已经把东部地区提升到保障全俄经济发展战略的重要地位。③ 俄罗斯远东地区各种新举措的实施为中俄双方带来了经济合作新机遇，目前俄罗斯在远东地区已建立了20个跨越式发展区④，这为辽宁与俄罗斯远东地区的对接合作带来巨大的发展空间，为双方通过合作相互倚重和借力发展提供了可能，形成了一种相互促进和共同发展的关系。

---

①② 刁秀华：《中国东北与俄罗斯远东超前发展区对接合作研究》，载《财经问题研究》2018年第4期，第116－122页。

③ 刁秀华：《后危机时代辽宁省与俄罗斯地区合作的新机遇》，载《俄罗斯中亚东欧市场》2011年第1期，第36－42页。

④ Всего на территории Дальнего Востока создано 20 ТОР［EB/OL］. https：//erdc. ru/about－tor/. 2020－05－02.

四、辽宁加快建设对俄远东地区开放合作高地对策建议

辽宁深度融入“一带一路”加快建设对俄罗斯远东地区开放合作高地，需要全面发力，多点突破，并找准以下几个着力点。

（一）全面贯彻落实习近平总书记关于打造东北对外开放新前沿，建设开放合作高地的重要指示精神

全面贯彻落实习近平总书记关于打造东北对外开放新前沿，建设面向东北亚开放合作高地的重要指示精神，推动东北新一轮全面与全方位振兴，将东北尤其是辽宁打造成我国向北开放的重要窗口，建成对俄罗斯远东地区合作开放的桥头堡。中国已连续多年保持俄罗斯远东地区第一大贸易伙伴地位，也是该地区第一大外资来源国，这与东北发挥中俄两国开放合作的“桥头堡”作用密不可分。中国东北振兴与俄罗斯远东开发的有效互动，已成为两国地方合作的一张“名片”。尤其是黑龙江发挥与俄罗斯远东地区相互毗邻的优势，在打造“一个窗口”和建设“四个区”（即打造中国向北开放窗口，建设黑龙江中俄自由贸易区、沿边重点开发开放试验区、跨境经济合作示范区、面向欧亚物流枢纽区）方面取得明显进展。未来，要充分发挥辽宁对俄罗斯远东地区合作的地缘、产业，以及交通运输、陆海联运、港口等方面的优势，推进与俄罗斯远东地区各领域的务实合作，才能真正将辽宁建成对俄罗斯远东地区的开放合作高地和桥头堡。

（二）加快辽宁自由贸易试验区与俄远东地区“一区一港”建设对接合作

辽宁自贸试验区的建立是扩大开放和推动东北老工业基地新一轮振兴的重要举措，其目标之一是打造面向东北亚的重点开放合作平台，同时推动日本、韩国、俄罗斯先进制造业、战略性新兴产业和现代服务业在自贸试验区内集聚发展。今后，要依托辽宁自由贸易试验区建设，全面带动包括东北地区与远东地区经济合作在内的中俄全方位合作，形成面向俄罗斯远东和东北亚地区开放合作新格局。

俄罗斯远东跨越式发展区建设离不开中国东北地区的深度参与，目前有 11 个跨越式发展区被设置在毗邻中国的俄罗斯境内，中国企业入驻和发展具有一定的地缘优势。此外，东北地区的人才、技术和资金优势可以弥补俄罗斯远东跨越式发展区这些方面的不足。尽管跨越式发展区还处在发展的初期阶段，但作为俄罗斯的经济开发和开放区，其发展态势良好。符拉迪沃斯托克自由港的设立，是俄罗斯实行“东向战略”，加大对远东的开发力度，使远东融入亚太一体化进程，并将其打造成东北亚地

区的航运中心和物流枢纽的重要举措。俄罗斯试图通过自由港建设拉动国内经济，培育新的经济增长点和增长极。因此，辽宁应抓住机遇，深入探索新一轮振兴与俄罗斯远东“一区一港”对接合作的有效途径和方式。

此外，俄罗斯正全面发展东部地区的港口经济，加大对国外招商引资的力度，力争将该地区建成俄罗斯的东大门，斥巨资全面推进俄罗斯远东与西伯利亚地区自然资源的开发和物流渠道的疏通。今后几年，该地区将有一系列大型投资项目开始实施。因此，辽宁要充分利用这一有利契机，积极参与该地区的开发建设。特别是引导在资金和技术上具有优势的辽宁企业前往俄罗斯远东“一区一港”开展投资合作。为此，要找准对接合作的契合点，一要将交通互联互通作为对接合作的重点，建立陆海联运通道和推进国际交通走廊建设。二要加强物流领域合作，加快国际物流中心建设，重点扶持大连港与符拉迪沃斯托克自由港在物流领域的对接合作，共同打造东北亚地区的物流中心（枢纽）。三要加强投资领域合作，俄罗斯远东“一区一港”建设需要投入巨额资金，但其国内资金匮乏，而辽宁有许多资金实力雄厚的企业在为新一轮振兴寻找投资项目。因此，辽宁和俄罗斯远东地区可以找到投资合作的契合点，尤其是在能源、港口、农业、矿产、旅游等领域的合作大有可为。①

（三）深度融入中蒙俄经济走廊建设

中蒙俄经济走廊建设作为“一带一路”建设的重要内容，既是联通东北亚和欧洲的重要桥梁，也是向北开放、全方位深化与俄罗斯、蒙古国合作的重要通道。中蒙俄经济走廊包括华北通道和东北通道，其中东北通道从大连、沈阳、长春、哈尔滨到满洲里和俄罗斯的赤塔。该通道通过赤塔可进入“第一亚欧大陆桥”——西伯利亚大铁路，向西可到达莫斯科，向东可以抵达俄罗斯远东符拉迪沃斯托克港。与丝绸之路经济带从西北地区走新亚欧大陆桥相比，中蒙俄经济走廊东北通道途经国家少、时间短，通关成本低，是一条经济型新通道。辽宁要拓展国际物流通道，重点支持并提升大连港、营口港和锦州港等港口在中蒙俄经济走廊东北通道的节点地位，具体包括以下三个方面。

一是通过“辽满欧”通道将商品从营口港和大连港通过铁路运往满洲里，再运往俄罗斯和欧洲各国。要依托烟大轮渡、环渤海支线网络以及外贸中转，开展国际海铁联运。通过增开国际及地区航线，增加大连港的集装箱货源，提升大连港的通关及服务效率，将大连港“辽满欧”通道建设成中蒙俄合作走廊的主通道，促进中欧班

---

① 刁秀华：《中国东北与俄罗斯远东超前发展区对接合作研究》，载《财经问题研究》2018 年第 4 期，第 116 – 122 页。

列提质增效和可持续发展，助推丝绸之路经济带与欧亚联盟的对接。同时依托营口港开展多式联运，将其建成中蒙俄经济走廊东北通道的重要节点。

二是通过“辽蒙欧”将货物从丹东港、锦州港和盘锦港运往内蒙古自治区的二连浩特口岸，出境后经蒙古国到达俄罗斯，再运往欧洲各国，以缓解满洲里铁路口岸的过境运输压力，缩短中国、蒙古国、俄罗斯之间的运输距离。为此，要积极谋划辽宁至蒙古国东部铁路通道，加快推进锦（州）赤（峰）线、巴（彦乌拉）（阜）新线铁路建设，早日打通跨省跨境铁路运输，推进跨境物流发展。

三是引导企业加快物流培育，扩大“辽满欧”“辽蒙欧”运量班次。通过“辽满欧”和“辽蒙欧”双线并进，扩大辽宁省与欧亚地区间经贸合作往来。同时，加快建立省、州、港物流培育协调机制，组织扩大南下和北上的货源，促进内贸货物跨境运输航线常态化运营和日韩陆海联运航线建设。

（四）打造“一带一路”北向新通道，融入北极东北航道“冰上丝绸之路”建设

北极东北航道是连接东北亚和北欧的最短航线，能够大大缩短我国与西北欧的海运里程。与传统的南线苏伊士航线相比，这条“冰上丝绸之路”可缩短与节约近 1/3 的航行时间和燃油，具备较大的经济价值，在贸易、能源、资源等方面的重要性不言而喻。从大连港出发，经日本海、白令海、白令海峡，进入北极东北航道，最终到达荷兰鹿特丹港，全程耗时比苏伊士航线可缩短 12～15 天。从营口港出发，经日本海、白令海、白令海峡后，再穿越北极东北航道，最终到达瑞典海纳桑德、俄罗斯圣彼得堡和荷兰阿姆斯特丹。这两条航线有利于企业节约时间和减少运输成本，提高本地区产品的竞争力，从而促进东北地区与欧美地区的贸易往来。因此，辽宁要积极参与建设和开发“冰上丝绸之路”陆海双向发展带，全力保障“辽海欧”大通道运输，支持大连、营口等主要港口稳定运营“辽海欧”北极东北航道，夯实辽宁港口经北冰洋至欧洲海上运输通道，实现季节性常态化运营，助力欧亚互联互通。

（五）加快融入“一带一路”北向新通道，拓展陆海多式联运新格局

交通互联互通是共建“一带一路”的精准定位，是辽宁建设北向开放合作高地的重要基础和先决条件，也是破解新时代辽宁振兴难题和打破发展瓶颈的重要突破口。辽宁要充分发挥交通运输、陆海联运、港口物流等方面的优势，拓展陆海多式联运大通道，使交通互联互通在推进新一轮振兴和深度融入共建“一带一路”的进程中走深、走实。

一是加快推进与俄罗斯远东国际交通运输走廊对接，畅通多式联运通道。“滨海 1 号”“滨海 2 号”是“一带一路”建设和欧亚经济联盟建设对接的重要接口。这两

条国际交通运输走廊经过俄远东符拉迪沃斯托克自由港地区，将黑龙江和吉林两省与俄罗斯远东滨海边疆区的海港连接起来，能够缩短运输距离，改善中俄之间的货物运输条件，加速双方货物运输。辽宁应加快与“滨海 1 号”“滨海 2 号”国际交通走廊的对接，建立辽宁自贸试验区与符拉迪沃斯托克自由港的陆海联运通道，通过大连—哈尔滨与“滨海 1 号”、大连—长春与“滨海 2 号”国际运输走廊相联结，进而对接俄罗斯远东地区东方港、纳霍德卡及亚太地区港口，使陆海联运货物直达日本和美国等国家。这是辽宁自贸试验区辐射东北腹地和将触角伸向东北亚地区，向北通往国际海路的最经济、最有效的直接通道。通过辽宁与上述两条国际交通运输走廊的连接，在东北与俄罗斯远东地区建立一条高效的运输走廊，打通东北大宗物资跨境运输通道，加快我国向北开放重要窗口的打造。

二是贯通大连港到俄罗斯远东符拉迪沃斯托克自由港海路，发挥海运优势。大连港是“陆上丝绸之路”及“海上丝绸之路”的海陆重要交汇点，腹地广阔，拥有巨大的货物吸纳量，与符拉迪沃斯托克港的距离为 1100 海里，通过这一海上通道运输货物，能够大大节约运输成本并缩短运输时间。而符拉迪沃斯托克自由港实行全方位开放、“单一窗口”过境服务和 24 小时口岸工作制，通关效率提高，有利于辽宁与俄罗斯远东地区海上运输通道的开辟。中国大连和俄罗斯远东符拉迪沃斯托克港都提出面向东北亚地区实行全方位开放，发展港航物流和航运服务业，都将建设东北亚国际航运中心作为发展目标。因此，大连港可与符拉迪沃斯托克自由港在国际航运中心建设上开展对接合作。

（六）充分发挥辽宁装备制造工业强省优势，建立对俄远东地区优势产业国际对接合作

装备制造业是辽宁的主导产业之一，具有“走出去”的技术与资金优势。俄罗斯远东地区跨越式发展区的建立，为进驻企业尤其是外国投资者提供政策优惠，也为辽宁加强与俄罗斯远东地区跨越式发展区在装备制造业领域的对接合作提供了有利条件。因此，一方面，辽宁可以以装备制造业合作为突破口，发挥装备制造业优势明显和区域集中度较高的特点，投资俄罗斯远东地区急需中资且合作潜力巨大、以制造业为主的工业园区型跨越式发展区，如“纳杰日金斯卡娅”“哈巴罗夫斯克”跨越式发展区。另一方面，发挥沈阳在机器制造领域的明显优势，利用俄罗斯远东跨越式发展区的区位优势和优惠政策发展对其投资合作。俄罗斯远东哈巴罗夫斯克边疆区“共青城”跨越式发展区主要从事与飞机制造相关的产业，沈阳飞机工业（集团）有限公司可与其开展合作，开发其民机市场，开展民机零部件转包等生产项目的合作，扩大航空领域尤其是大飞机制造领域的合作。同时，还要发挥大连的造船优势，开展与

俄罗斯远东地区船舶制造领域的合作。俄罗斯远东滨海边疆区“巨石”跨越式发展区以发展造船业及相关产业为主，建设俄罗斯最大民用船厂红星造船厂的相关项目，特别是大吨位船舶制造，要在远东创建工业和造船集群，制造排水量为35万吨的船只、破冰船、特种船等，可以发挥大连船舶重工的资金、技术和人才优势，与其在造船及相关产业领域开展有效合作。

（七）加大辽宁对俄远东地区矿产开发合作投资力度，打造对外投资新高地

俄罗斯远东地区蕴藏巨大的矿产储量（630多吨金矿、6000多吨银、33.7万吨铜、110万吨锡、142亿吨褐煤、79亿吨石煤、12亿吨铁矿石及其他50多种矿物），拥有原料转运基础设施发达的铁路运输网，其中包括正在扩建的贝阿铁路与西伯利亚铁路干线。俄罗斯欢迎中国投资者根据其外国投资法和矿产资源法投资以下项目：开发萨哈（雅库特）共和国“秋楚斯”金矿；开发堪察加地区“库姆洛奇”与“罗德尼科”金矿；开发哈巴罗夫斯克边疆区“康德尔”白金矿；开发萨哈（雅库特）共和国“丘利马坎”与“杰尼索夫斯基”煤矿；开发楚科奇自治区“阿玛姆”煤矿；开发滨海边疆区“苏城”煤田；开发阿穆尔州库恩—曼尼硫化镍矿；开发马加丹州奥罗耶克矿区铜矿；开发滨海边疆区的阿达姆索夫煤矿，在纳杰日金区建设煤炭切割和采矿选矿厂；开发哈巴罗夫斯克边疆区普拉沃尔米锡矿，建造“诺尼”采矿选矿综合体和采矿选矿厂；开发萨哈（雅库特）共和国“季列赫佳赫溪流”锡矿。① 因此，辽宁应抓住机遇，推进对俄罗斯远东地区矿产资源投资。与此同时，应鼓励抚顺、本溪、阜新、盘锦等资源枯竭型城市的相关企业赴俄罗斯进行深入考察，积极参加俄罗斯远东地区举办的“中国投资者日”活动，深入了解相关推介活动以抓住有利时机进行投资。尤其是抚顺、阜新可发挥自身优势，积极参与俄罗斯远东以大型焦煤矿开发为主的萨哈（雅库特）共和国“南雅库特”跨越式发展区的项目。

参考文献

［1］刁秀华：《中国东北与俄罗斯远东超前发展区对接合作研究》，载《财经问题研究》2018年第4期，第116－122页。

［2］吴焰、杜尚泽、屈佩：《习近平出席第四届东方经济论坛全会并致辞》，载

① Программа развития российско-китайского сотрудничества в торгово-экономической и инвестиционной сферах на Дальнем Востоке Российской Федерации на 2018－2024 годы［EB/OL］. https：//docviewer. yandex. ru/. 2020－07－15.

《人民日报》2018 年 9 月 13 日。

[3] 梁启东：《东北振兴：深度融入与全面开放》，http：//news. nen. com. cn/system/2019/10/04/020933774. shtml。

[4]《习近平主持召开中央财经委员会第五次会议》，http：//www. xinhuanet. com/politics/2019 －08/26/c_1124923884. htm。

[5] 汪嘉波：《普京：俄中关系是互利合作典范》，载《光明日报》2016 年 12 月 2 日。

[6] Путин，В. Новый Интеграционый Проект для Евразии – Будущее，Которое Рождается Сегодня [N]. Известия，2011 －10 －02.

[7] 刁秀华：《后危机时代辽宁省与俄罗斯地区合作的新机遇》，载《俄罗斯中亚东欧市场》2011 年第 1 期，第 36 －42 页。

[8] Всего на территории Дальнего Востока создано 20 ТОР [EB/OL]. https：//erdc. ru/about－tor/. 2020 －05 －02.

[9] Программа развития российско-китайского сотрудничества в торгово-экономической и инвестиционной сферах на Дальнем Востоке Российской Федерации на 2018 －2024 годы [EB/OL]. https：//docviewer. yandex. ru/. 2020 －07 －15.

Research on Speeding up the Construction of Liaoning Province as a Highland for Opening up to and Cooperation with Russia

Diao Xiuhua

Abstract：The strengthening of cooperation between China and Russia in the Russian Far East is an important consensus reached by the two heads of state and is also a priority direction for practical cooperation between the two sides. General Secretary Xi Jinping emphasized at the 2018 Northeast Revitalization Symposium that the Northeast region should strengthen cooperation with Russia；at the fifth meeting of the Central Finance and Economics Committee in 2019，it was emphasized by General Secretary Xi Jinping that the Northeast region should create a new forefront of opening up. The Northeast region is the intersection of China's strategy of opening up to the north and Russia's development strategy for the Far East. Liaoning Province must seize the historical opportunities，give full play to the advantages of Liaoning's cooperation with Russia in industries, transportation, and ports, and pragmatically promote bilateral cooperations in land-sea transportation, economic and trade investment and resource exploitation and ect. We should strive to build a new pattern of overall opening with synergy through the interplay of China's domestic and world economies and land-sea mutual assistance, and build Liaoning into a highland and bridgehead of opening up and cooperation with the Russian Far East.

Key words: Regional cooperation　Forefront of opening up　Cooperation highland　Countermeasures and Suggestions

辽宁数字经济现状、问题及对策研究

白云飞*

摘　要：当前，我国数字经济正进入快速发展阶段。辽宁省应顺应数字经济大潮，不断加快数字经济发展速度。本文首先梳理了数字经济发展的相关研究文献，其次深入分析了辽宁数字经济发展的现状及特征，然后逐一剖析了辽宁数字经济发展中存在的问题及障碍，最后提出了相应的对策建议。

关键词：辽宁　数字经济　对策

一、引　　言

发轫于20世纪最后十年，以互联网为载体的数字经济随着技术的不断进步迅速崛起。经过30年的发展，融合了互联网、大数据、人工智能的数字经济技术已经渗透到各个行业，并不断改变着几乎所有行业的经营模式，决定着未来经济的发展方向。可以说，当今世界没有一个行业能脱离数字经济而存在。而数字经济通过与各产业的不断融合，为各行各业注入新的活力，成为推动经济发展的关键引擎。近年来，党中央高度重视发展数字经济，出台了一系列指导性意见、规划和政策以促进我国数字经济的发展。2017年3月，数字经济首次出现在《政府工作报告》中，李克强总理提出要“促进数字经济加快成长，让企业广泛受益、群众普遍受惠”。[①] 在《中共

---

* 作者简介：白云飞（1977～），河南温县人，辽宁大学经济学院讲师，经济学博士，研究方向为经济统计学。

① 李克强：《政府工作报告——2017年3月5日在第十二届全国人民代表大会第五次会议上》，http：//www.gov.cn/premier/2017-03/16/content_5177940.htm。

中央关于制定国民经济和社会发展第十四个五年规划和二〇三五年远景目标的建议》中，党中央明确提出："发展数字经济，推进数字产业化和产业数字化，推动数字经济和实体经济深度融合，打造具有国际竞争力的数字产业集群。"① 辽宁省委也在《中共辽宁省委关于制定辽宁省国民经济和社会发展第十四个五年规划和二〇三五年远景目标的建议》中提出要"着力建设数字辽宁，大力发展数字经济"。② 辽宁省政府于2020年10月发布了《辽宁省数字经济发展规划纲要》，计划在"'十四五'期间，辽宁省数字经济规模计划年均增长10%，至2025年全省数字经济规模占地区生产总值（GDP）比重将达45%。"③ 由此可见，辽宁省委省政府对大力发展数字经济的决心和期望。在此背景下，对辽宁的数字经济现状进行分析，找出不足并提出建议更具现实价值。基于此，本文研究了辽宁数字经济发展的现状，并根据存在的问题提出了针对进一步发展辽宁数字经济的建议，为辽宁省数字经济的发展决策提供了参考。

二、文献综述

数字经济最早由唐·泰普斯科特（Don Tapscott）于1996年在《数字经济：网络智能时代的前景与风险》一书中首次正式提出。目前，被广为接受的定义是由二十国集团（G20）于2016年在《二十国集团数字经济发展与合作倡议》中所提出的："数字经济是指以使用数字化的知识和信息作为关键生产要素、以现代信息网络作为重要载体、以信息通信技术的有效使用作为效率提升和经济结构优化的重要推动力的一系列经济活动。"学术界普遍认为发展数字经济有益于促进竞争，调整产业结构，实现高质量发展。戈登法布和塔克（Goldfarb & Tucker，2019）指出数字经济以降低成本的方式加速了传统服务业向现代服务业的转型升级。易宪容等（2019）指出了数字经济促进经济增长的内在机理，即降低了经济的交易成本，提高了资源配置效率。许恒等（2020）指出了数字经济通过正向技术溢出的方式促进市场竞争，从而增加了消费者福利水平。赵涛等（2020）通过分析2011～2016年中国222个地级及以上城市的数字经济和高质量发展的综合水平，证明了数字经济对高质量发展的带动作用。

---

① 《中共中央关于制定国民经济和社会发展第十四个五年规划和二〇三五年远景目标的建议》，http：//www.gov.cn/zhengce/2020-11/03/content_5556991.htm。

② 《中共辽宁省委关于制定辽宁省国民经济和社会发展第十四个五年规划和二〇三五年远景目标的建议》，http：//liaoning.nen.com.cn/system/2020/12/07/021072070.shtml。

③ 《〈辽宁省数字经济发展规划纲要〉发布》，http：//www.cac.gov.cn/2020-10/22/c_1604928976151323.htm。

在数字经济对区域经济的影响方面，刘刚和张昕蔚（2019）运用价值网络分析方法对贵州省数据产业发展进行了分析，结果表明，数据产业基础设施投资的大小和数据平台的强弱对数字经济发展速度起决定性作用。田俊峰等（2019）分析了2016年东北地区的数字经济分布特征及差异，发现东北地区数字经济发展滞后的主要原因在于产业结构以传统产业居多，人口整体素质落后于经济发达地区，以及资源型城市和教育水平较低的城市在数字经济发展上具有明显的滞后性。李晓钟（2019）通过实证模型对各省市信息化水平和产业转型升级耦合协调发展水平进行了评价，得出了信息化与产业转型升级耦合协调度呈现东部较高、中西部较低的结论，并对造成这一差异的原因进行了剖析。金江军（2020）对福建的数字经济发展水平做了全面分析，指出科技投入不足和产业体系不健全是阻碍福建数字经济进一步发展的最主要问题。陈建军（2020）通过分析浙江数字经济发展对区域经济发展的传导机制，发现数字经济对实现浙江经济一体化具有显著的加速作用。吴福象（2020）把研究范围扩大到长三角地区，发现数字经济对促进长三角一体化起到了积极作用。针对数字经济是否加大区域间经济不平衡的问题，段博、邵传林（2020）通过分析284个地级市的数据，采用Bootstrap有调节的中介效应分析方法，对数字经济的影响力及传导能力进行了检验，发现当前数字经济的发展的确加剧了东部、中部、西部及南方、北方之间的经济不平衡。

在数字经济发展水平评价方面，国内已有多家研究机构对全国及各地区的数字经济发展水平进行了评价。其中，中国信息通信研究院发布的《中国数字经济发展与就业白皮书》、中国电子信息产业发展研究院发布的《中国数字经济发展指数报告》最为权威。这两份报告都对每年我国数字经济发展情况做了详尽的评价和分析。

三、辽宁数字经济发展现状

（一）总体情况①

2019年，辽宁的数字化产业整体实力大幅提升，产业数字化升级步伐加快。全年电子商务交易额突破1万亿元，电商企业近10万家，跨境电商实现出口额超过15亿元。截止到2019年底，辽宁省共有互联网企业1846家，软件和信息技术服务业离

① 本部分数据来自《2019年辽宁互联网发展报告》，http：//www.lis.org.cn/xiehuifabu/2020_11_30_2059.html。

岸外包收入居全国首位，全年互联网企业完成业务收入 42.8 亿元。其中数据服务（包括云服务、大数据服务等）收入 10.3 亿元，位居全国第 19 位；同比增长 23.9%，增速低于全国平均值 3.7 个百分点，高于 2018 年同期 18.5 个百分点。信息服务（包括网络音乐和视频、网络游戏、新闻信息、网络阅读等服务在内）收入 32 亿元，位居全国第 16 位，在应用业务收入中占比为 90.7%；同比增长 4.9%，增速低于全国平均值 14.9 个百分点。辽宁已经成为国内集成电路装备三大重点地区之一，是世界最先进的非易失性存储芯片制造基地，并已建成全球首个第五代移动通信技术（5G）应用汽车生产基地。工业机器人产业处于全国领先水平，市场份额占 20% 以上。

经过不断加大投资力度，辽宁数字基础设施的规模和水平显著增强。截至 2019 年底，辽宁省互联网协议第 4 版（IPv4）地址数量为 1290.4 万个，较 2018 年增加 5.5 万个，同比增长 0.4%。互联网协议第 6 版（IPv6）地址数量为 422.4 万个。全省固定互联网宽带接入用户总数达到 1230.4 万户，列全国第 14 位，较 2018 年底净增 94.4 万户，普及率达到 74%；移动互联网用户达到 4063.1 万户，比 2018 年末增长 0.38%；手机上网用户数达到 4060.5 万户，手机上网用户对移动电话用户的渗透率为 83.1%。截至 2020 年 10 月，全省共有光缆线路 150 万公里，千兆宽带网络覆盖各市。行政村光纤宽带通达率、第四代移动通信技术（4G）信号覆盖率达到 100%。建设开通 5G 基站 22692 座，实现重点区域、交通枢纽 5G 网络覆盖。

2019 年，全省互联网上市企业共计 18 家。其中，上海证券交易所上市 1 家，深圳证券交易所上市 1 家，在全国中小企业股份转让系统（简称“新三板”）挂牌公司 16 家。截至 2019 年底，可统计的全省互联网上市企业总市值达 246.85 亿元人民币，同比增长 8.8%。其中，市值超过 10 亿元的企业共计 4 家，分别为东软集团、麟龙股份、荣科科技和鑫玉龙。截止到 2019 年底，辽宁省科技型中小企业 4708 家，高新技术企业 3658 家，瞪羚企业 128 家，潜在独角兽企业 6 家。在 134 家瞪羚、潜在独角兽企业中，84% 为高新技术企业，沈阳市数量最多，达到 48 家，占全部的 35.8%；大连市 41 家，占全部的 30.6%；铁岭市、锦州市、抚顺市和营口市的瞪羚企业均达到 5 家及以上；辽阳市、葫芦岛市、丹东市、朝阳市、鞍山市和盘锦市均在 1 家以上；而阜新市和本溪市只有 1 家瞪羚企业。

在数字经济科技创新领域，2019 年，中国科学院沈阳自动化研究所“软件定义的可重构制造平台”等一批项目荣获中国工业互联网重大成果奖；新松公司“基础共性工业互联网平台测试环境项目”获评国家制造业与互联网融合试点示范项目；沈阳格微公司“沈阳智慧工业云”等 10 个工业互联网平台建设完成，初步形成了“两云六平台”的工业互联网生态，在汽车、工业机器人等领域涌现出一批平台应用新模式、新业态。截至2019年底，全省工业上云企业共7000家，4个项目入选国家工业互联网应用程序（App）优秀解决方案，3个项目入选国家网络安全技术应用试点示范项目，3个项目入选国家制造业“双创”平台试点示范项目，7个项目入选国家制造业与互联网融合发展试点示范项目，6个项目入选国家新型信息消费示范项目，2个项目入选国家工业互联网试点示范项目，3个项目入选国家企业上云典型案例。在工业化与信息化融合方面，截至2019年底，辽宁省累计参与工业化与信息化融合评估诊断和对标引导企业数量为1667家，开展工业化与信息化融合管理体系贯标企业数量为145家，其中56家企业通过评定，占贯标企业总数的38.6%。2019年全省数字化研发工具普及率达到75%，关键工序数控化率达到51.8%。

辽宁省政府计划在“十四五”期间，全省数字经济规模年均增长10%，至2025年全省数字经济规模占GDP比重达到45%以上。

（二）数字经济总量情况①

从表1可见，辽宁的数字经济发展总量在全国并不突出，与先进省份相比还存在不小的差距。如表1所示，2017年，辽宁数字经济总量为7149亿元，位列全国第15名；辽宁的数字经济与GDP之比为29.9%，位列全国第11名；数字经济总量增速低于10%，位列全国第30名。而同期全国数字经济总量与GDP之比为32.9%，全国数字经济总量增速（名义值）为20.3%。到了2019年，辽宁数字经济总量超过8400亿元，排在广东、江苏、浙江、上海、北京、福建、湖北、四川、河南、河北、安徽、湖南之后，位列全国第13名。数字经济与GDP之比为34%，排在北京、上海、广东、浙江、江苏、福建、重庆、湖北之后，位列全国第9名。数字经济总量增速11%，位列全国第25名。同期全国数字经济总量与GDP之比为36.5%，全国数字经济总量增速（名义值）为15.6%。显然，辽宁的数字经济增长情况不仅与数字经济发达省市相比有很大差距，也一直落后于全国平均发展水平。如果不能及时扭转这一不利局面，辽宁的数字经济各项指标排名还将继续下滑。

表1　　2017年分省份数字经济排序1～15名情况

排名	省份	数字经济总量（亿元）	省份	数字经济/GDP（%）
1	广东	36648	北京	49.7
2	江苏	31395	上海	48.9

① 本部分数据来自中国信息通信研究院2018年、2020年的《中国数字经济发展与就业白皮书》。

续表

排名	省份	数字经济总量（亿元）	省份	数字经济/GDP（%）
3	山东	25473	广东	40.8
4	浙江	19577	天津	38.9
5	上海	14746	浙江	37.8
6	北京	13910	江苏	36.5
7	湖北	12055	福建	36.0
8	福建	11634	山东	35.0
9	河南	10957	湖北	33.0
10	四川	10872	重庆	31.7
11	河北	9166	辽宁	29.9
12	湖南	7824	四川	29.4
13	天津	7228	安徽	26.2
14	安徽	7198	广西	25.5
15	辽宁	7149	河北	25.5

资料来源：中国信息通信研究院：2018 年的《中国数字经济发展与就业白皮书》。

数字经济包括数字产业化和产业数字化两大部分。其中，数字产业化即信息通信产业，产业数字化是各个传统产业中应用数字经济而获得的增加值部分。2019 年，辽宁的数字产业化增加值排在广东、江苏、北京、浙江、上海、四川、福建、湖北、河南、重庆、安徽、陕西之后，位列全国第 13 名；数字产业化与 GDP 之比排在北京、江苏、广东、上海、浙江、重庆、四川、福建、湖北、陕西、安徽、广西、河南之后，位列全国第 14 名。2019 年，辽宁产业数字化增加值排在广东、江苏、浙江、上海、福建、湖北、北京、河南、四川、河北、湖南、安徽之后，位列全国第 13 名；数字化与 GDP 之比超过 30%，排在上海、福建、浙江、北京、湖北之后，位列全国第 6 名。

（三）数字经济发展指数情况

根据工信部下属的中国电子信息产业发展研究院的数据，2019 年，辽宁的数字经济综合发展指数值为 23.5，低于全国平均值 29.6，仅列全国第 20 位，比 2018 年下降了 7 位，具体排名如表 2 所示。

表 2　　2019 年分省份数字经济发展综合指数排名

排名	省、区、市	指数值	排名	省、区、市	指数值
1	广东	65.3	16	陕西	26.3
2	北京	55.0	17	广西	26.2
3	江苏	52.2	18	天津	24.9
4	浙江	51.5	19	贵州	24.7
5	上海	45.5	20	辽宁	23.5
6	山东	42.8	21	云南	21.3
7	福建	38.6	22	山西	21.1
8	四川	35.6	23	黑龙江	20.5
9	河南	35.0	24	甘肃	19.3
10	湖北	32.5	25	内蒙古	18.9
全国平均	—	29.6	26	新疆	18.1
11	河北	29.4	27	海南	17.8
12	湖南	29.4	28	吉林	17.4
13	安徽	29.3	29	宁夏	17.1
14	重庆	28.8	30	青海	13.8
15	江西	28.5	31	西藏	8.0

资料来源：赛迪顾问：《2020 中国数字经济发展指数（DEDI）》。

数字经济发展综合指数由基础、产业、融合和环境四项分项指数加权构成。分项指数中，基础指数由传统数字基础设施指数和新型数字基础设施指数构成，反映的是数字经济基础设施水平。产业指数由产业规模指数和产业主体指数构成，反映的是数字产业发展总量情况。融合指数包括工业和信息化融合、农业数字化、服务业数字化三项细分指数，反映的是数字技术与三个产业的融合发展情况。环境指数由政务新媒体、政务网上服务和政务数据处理三个细分指数组成，反映的是数字经济所处的制度环境情况。

从表 3 可见，四项分项指数中，除融合指数外，2019 年辽宁的数据比 2018 年基本都出现不同幅度的下降，而且，全部指数均低于全国平均值（见表 3）。其中，基础指数从 2018 年的全国第 11 名降为 2019 年的第 15 名；产业指数从第 14 名降到第 19 名；融合指数微升 3 名，从第 22 名升至第 19 名；而一度全国领先的环境指数在一年时间里从第 5 名直降为第 26 名。

表 3　　辽宁数字经济分项指数排名变动 2018～2019 年

分项指数	2019 年			2018 年		
	分值	排名	全国均值	分值	排名	全国均值
基础指数	30.6	15	31.3	33.9	11	31.5
产业指数	14.0	19	24.6	18.1	14	24.0
融合指数	24.6	19	30.1	25.7	22	32.01
环境指数	24.8	26	32.4	57.5	5	44.46

资料来源：赛迪顾问：《2019 中国数字经济发展指数（DEDI）》《2020 中国数字经济发展指数（DEDI）》。

从细分的各项指数排名变动情况入手，可探究各分项指数变动原因。从表 4 可见，在各细分指数排名中，辽宁的排名在基础设施两项细分指数、产业两项细分指数、环境三项细分指数中均出现不同程度的下降，只有在融合三项细分指数中有所上升。在基础指数中，无论传统还是新型基础设施指数都在下降，说明辽宁的数字经济基础设施投入严重不足，急需加大投资以奠定坚实基础。产业指数中的规模指数下滑 6 位，表明辽宁的数字经济产业规模发展迟缓，已明显落后于全国平均水平，正在被其他省份不断超过。产业主体指数保持低位持平（该指数包括 ICT 领域企业主板上市企业数、互联网百强企业数、独角兽企业数三项指标），表明辽宁的数字经济企业在行业地位方面没有实现突破，资本化运营水平偏低、新兴企业较少。三项融合细分指数的上升，表明辽宁的数字经济正在逐步与各产业相互融合，数字经济技术和经营模式正被越来越多的传统企业所接受，各产业的转型升级初见成效。值得一提的是，2019 年辽宁的服务业数字指数较 2018 年上升了 11 位，说明辽宁服务业正在飞速实现产业数字化。

表 4　　辽宁数字经济各项细分指数排名变动 2018～2019 年　　单位：名

分项指数	细分指数	2019 年排名	2018 年排名	变动
基础指数	传统数字基础设施指数	17	13	↓4
	新型数字基础设施指数	13	7	↓6
产业指数	产业规模指数	19	13	↓6
	产业主体指数	17	17	→
融合指数	工业化和信息融合指数	20	21	↑1
	农业数字化指数	21	23	↑2
	服务业数字化指数	13	24	↑11

续表

分项指数	细分指数	2019 年排名	2018 年排名	变动
环境指数	政务新媒体指数	19	17	↓2
	政务网上服务指数	22	16	↓6
	政务数据处理指数	29	21	↓8

资料来源：赛迪顾问：《2019 中国数字经济发展指数（DEDI）》《2020 中国数字经济发展指数》。

三项环境细分指数均下降，说明辽宁的政务运行数字化水平相对于全国平均程度处于下降之中，尤其是政务网上服务指数和政府数据处理指数排名都大幅下滑，表明辽宁各级政府的网上办公效率、数据公开水平、政府网站整合程度都落后于全国平均水平。这种政府数字治理能力的落后还可以在其他报告中得到佐证。在赛迪顾问发布的《2020 中国数字政府建设白皮书》中，辽宁 2019 年的数字政府建设指数位列全国第 19 名，且分值低于全国各省份均值。在各项细分指数中，辽宁的数字政府基础设施指数排第 11 名，政府数据指数排第 15 名，政府应用指数排第 17 名，服务指数排第 26 名，数据安全与保障指数排第 28 名，各指数普遍处于中低位。具体排名情况见表 4。在清华大学数据治理研究中心发布的《2020 数字政府发展指数报告》中，辽宁在省级政府数字发展综合指数排名中仅列第 24 位，在各项细分指数中，省级制度体系排名第 28 位，治理能力排名第 27 位，治理效果排名第 26 位。辽宁各级政府数字治理能力偏低的现状与党中央在《中共中央关于制定国民经济和社会发展第十四个五年规划和二〇三五年远景目标的建议》中提出的“加强数字社会、数字政府建设，提升公共服务、社会治理等数字化智能化水平”的要求，以及辽宁省委《关于制定辽宁省国民经济和社会发展第十四个五年规划和二〇三五年远景目标的建议》中提出的“提升公共服务、社会治理等数字化智能化水平，推行智慧政务”的要求极不相符，必须尽快加以扭转。否则，将不仅影响辽宁的数字经济发展，还会严重影响辽宁的营商环境建设。

此外，辽宁各城市的数字经济发展情况也不容乐观。在由赛迪顾问发布的《2020 中国数字城市百强研究报告》中，只有沈阳（第 17 名）、大连（第 22 名）入围，而数字经济中游省份湖南有 8 座城市，河南、河北各有 5 座城市，江西有 4 座城市，湖北、安徽各有 3 座城市入围。这表明辽宁城市数字经济整体发展整体水平偏弱。

四、辽宁数字经济存在的问题

（一）数字经济增速过低，对经济牵引力不足

从近年数据可以看出辽宁的数字经济增长始终低于全国平均值，而且增速在全国

排名处于倒数之列，这不能不说是辽宁未来数字经济增长的一大隐忧。新冠肺炎疫情期间，数字经济逆势强劲增长，证明了数字经济对于突发灾难的强大韧性。可以预见，未来一段时间，数字经济将成为经济增长的一个重要引擎，各产业的数字化转型受疫情影响将大大加快。传统产业体系在数字经济中的新技术、新模式、新业态赋能之下，将跃迁至更高水平的发展路径之上。然而，辽宁的数字经济增长乏力，增速远低于全国平均值（见表5），长此以往将会导致辽宁错失数字经济大发展的良机，不仅会被其他借数字经济崛起而实现经济快速增长的省份越甩越远，也会丧失各产业通过数字化转型升级的良机。辽宁数字经济增速偏低的原因在于支柱产业向数字化转型过慢，而这又是由于支柱行业中的龙头企业对数字经济反应迟钝，没有把数字经济作为未来的主要发展方向所导致的。比如石化、冶金、装备制造业中的龙头企业仍没有将工业互联网平台作为企业转型升级的重中之重，这势必让竞争对手抢占这一战略高地，从而丧失先机。

表5　　2017～2019年辽宁与全国数字经济增速对比

年份	辽宁数字经济增速（%）	全国数字经济增速（%）	辽宁增速全国排名（名）
2017	9.5	20.3	30
2018	10.5	20.9	30
2019	11	15.6	25

资料来源：中国信息通信研究院2018年、2019年和2020年的《中国数字经济发展与就业白皮书》。

（二）数字经济产业缺乏发展后劲和竞争力

尽管辽宁省的数字经济与GDP之比横向比较不低，但是由于辽宁的互联网经济起步比较晚，整体实力并不强。具体表现在：第一，缺乏出众的新生企业；第二，竞争力弱。2019年底，辽宁省已认定了134家数字经济潜在独角兽和瞪羚企业，但这些企业均尚未做大做强，这点可以由各类研究报告加以证明。在艾媒咨询发布的《2020中国独角兽榜单TOP100》中，没有一家辽宁企业。在恒大研究院发布的《中国独角兽报告：2020》选出的141家独角兽中同样如此。往前追溯，《中国独角兽报告：2019》选出的137家独角兽也没有一家辽宁企业。而入选这些榜单的绝大多数企业都依靠互联网平台进行经营，或产生自以大数据、云计算、区块链、人工智能为代表的数字经济领域。缺少独角兽企业意味着数字经济发展后劲不足，这已构成辽宁数字经济发展的一大问题。

而且，辽宁数字经济企业普遍缺乏竞争力。2019年，辽宁的数字产业化和产业数字化经济总量都是全国第 13 名，与先进省份总量相比差距很大。另外，根据阿里巴巴集团《2018 年中国数字经济发展报告》，2018 年“双十一”期间，全国共有 237 家品牌企业在天猫上交易额突破 1 亿元，与其他沿海省份动辄几十家企业上榜相比，辽宁仅有一家企业入围。这也是辽宁数字经济竞争力不强的具体表现。《辽宁省互联网发展报告（2019）》也指出，辽宁省企业数字化经营管理程度普遍不高，仅有不到一半的企业设置了专门部门负责维护网站、进行网络营销，企业整体数字经济竞争力偏弱。

（三）数字经济自主创新能力不强

辽宁数字经济企业的自主创新能力不强，技术研发水平有限，与发达省市相比有很大差距。在中国科学院所属的《互联网周刊》评选的“2020 年数字创新企业 100 强”中，与北京、上海、江苏、广东、浙江均有两位数企业上榜相比，辽宁仅有新松机器人（44 名）和东软集团（73 名）两家企业入围。辽宁数字经济企业自主创新能力不强，其根本原因在于科研经费投入不足，研究与开发（R&D）经费投入强度偏低。2019 年，辽宁的 R&D 投入强度虽然排在全国第 10 名（见表 6），但是，在东部省份中排名靠后，而且还低于全国平均值。如果该指标长期得不到提高，将不仅影响辽宁的数字经济发展，还会严重影响辽宁各个主要行业的发展和升级。因此，制定适宜的政策调动企业尤其是私营企业对科研领域加大投入，是辽宁省制定相关政策时要达到的重要目标。

表 6　　2019 年分地区 R&D 经费投入强度

地区	排名	R&D 经费投入强度（%）	地区	排名	R&D 经费投入强度（%）
北京	1	6.31	湖北	9	2.09
上海	2	4.00	辽宁	10	2.04
广东	3	2.88	安徽	11	2.03
江苏	4	2.79	重庆	12	1.99
浙江	5	2.68	湖南	13	1.98
天津	6	2.38	四川	14	1.87
陕西	7	2.27	广西	15	1.79
全国平均	—	2.23	福建	16	1.78
山东	8	2.10	河北	17	1.61

续表

地区	排名	R&D 经费投入强度（%）	地区	排名	R&D 经费投入强度（%）
江西	18	1. 55	云南	25	0. 95
河南	19	1. 46	内蒙古	26	0. 86
宁夏	20	1. 45	贵州	27	0. 86
吉林	21	1. 27	青海	28	0. 69
甘肃	22	1. 26	海南	29	0. 56
山西	23	1. 12	新疆	30	0. 47
黑龙江	24	1. 08	西藏	31	0. 26

资料来源：《中国科技统计年鉴（2020）》。

（四）数字经济人才缺口较大，高层次人才严重不足

数字经济对从业者的素质要求较高，其发展需要大量高素质的数字技术型人才和电子商务应用型人才。根据2016年教育部、人力资源和社会保障部、工业和信息化部联合发布的《制造业人才发展规划指南》预测，2020年新一代信息技术产业人才缺口为750万人，到2025年，新一代信息技术产业人才缺口将达到950万人。全国如此，辽宁概莫能外。现在业界人士普遍反映，发展数字经济的最大挑战不是技术，也不是资金，而是高素质的人才。数字经济人才的缺乏已经成为制约辽宁数字经济发展的重要因素。根据辽宁省就业人才服务网的数据资料显示，随着辽宁数字经济占比的不断提高，辽宁对于大数据、人工智能、区块链、软件业、信息通信业、电子商务等专业的人才需求越来越大，供给与需求间存在着巨大的缺口。尽管辽宁有众多高校设置了与数字经济相关的专业，尤其以东北大学、大连理工大学、中国科学院沈阳自动化研究所等教学科研机构最为高端，但由于辽宁平均薪酬偏低，难以吸引到优秀的人才效力，自身培养的数字经济人才也在外流之中。同时，具有数字技术知识的管理、营销等跨界人才极其匮乏，这些都严重影响了辽宁数字经济的健康发展。

（五）“数据壁垒”现象严重

所谓“数据壁垒”就是数据拥有者不愿公开数据，造成其他数据分析者因缺乏数据无法开展工作的现象。在信息技术飞速发展的今天，因为大数据、云计算、人工智能技术的发展，数据已经成为数字经济必备的生产要素，其重要性甚至超过了场地、设备等传统生产要素。许多新兴数字经济业务如共享经济、在线广告投放完全依赖于对海量数据的分析、利用。可以说，没有海量数据作为支撑，数字经济就不能开

展业务。然而，就像普遍存在于世界各地的情况一样，只要有互联网就有“数据壁垒”，就存在数据垄断，辽宁省拥有数据的各家企事业单位也往往不愿公开数据，而将数据视为私产。与普遍看法相反，这种现象的成因并不在政府。近年来，由于信息公开法律、政策的实施，政府已向公众开放众多数据库。而企业，尤其是在市场中拥有举足轻重地位的电子平台企业反倒成了造成“数据壁垒”的主因。因业务关系掌握了大量数据的电子平台企业充分认识到了数据的价值，把它视为手中的王牌，不肯向公众尤其是同行公开，直接导致“数据壁垒”和数据垄断现象的产生。“数据壁垒”一方面会造成行业中的小微企业难以与垄断巨头抗衡，导致市场活力不足；另一方面会使对消费者的保护更加困难。因此，政府必须通过法律和行政手段破除“数据壁垒”，使数字行业企业获得更宽松的成长空间和更优良的市场环境。

五、辽宁发展数字经济的对策建议

（一）制定数字经济发展规划

目前，许多省份，如广东、浙江、山东都提出了《数字经济发展规划》。辽宁也应结合“十四五”规划的编制，制定辽宁的数字经济发展规划。规划不仅应制定辽宁的数字经济的总量、速度、比例等发展目标，还要指出辽宁数字经济应重点发展领域及具体实现路径。该规划的主要任务是提升辽宁数字经济基础设施建设水平，推进辽宁的数字经济重大项目建设，培育新兴产业，突破一批核心技术，力争用几年时间让辽宁形成一批全国领先的数字经济产业集聚区和一批有国际竞争力的数字经济龙头企业。

（二）大力推进辽宁互联网建设

2020 年 3 月，中共中央政治局常务委员会会议强调，加快新型基础设施建设（以下简称“新基建”）进度。“新基建”主要包括 5G 基站建设、特高压、城际高速铁路和城市轨道交通、新能源汽车充电桩、大数据中心、人工智能、工业互联网七大领域。在这些领域中，对辽宁先进制造业转型升级最为重要的是工业互联网。相对于目前发展已较为成熟的消费互联网，辽宁应把互联网经济未来的突破方向放在刚刚起步的工业互联网上。现在正是工业互联网快速发展的战略机遇期，只有大力发展工业互联网项目，并以此为抓手带动辽宁制造业实现全面转型升级，才能让辽宁制造业重新崛起，并能有效地促进辽宁数字经济的高质量发展。而且，国家鼓励各方投资以“新基建”为主要内容的建设项目来刺激经济，这正是大力建设工业互联网配套基础设施的良机。辽宁应顺势投资一大批工业互联网基础设施项目，如5G网络建设、工业互联网标识解析体系建设、工业互联网安全平台建设等，为辽宁工业互联网未来的大发展奠定坚实基础。

本文认为，加大对工业互联网基础设施建设的投入力度、积极培育工业互联网+产业平台、积极争取工业互联网标识解析国家顶级节点早日落户辽宁，是现在辽宁发展工业互联网，并以此为契机带动辽宁数字经济实现快速发展的关键性三大任务。辽宁各级政府，尤其是省政府应该围绕这三项任务制定政策和措施，大力促进辽宁工业互联网的发展，实现辽宁在数字经济领域的“弯道超车”。

（三）加快智慧城市建设进程，改善数字经济发展的硬件环境

数字经济的发展离不开以信息技术为代表的先进技术的支撑。目前，辽宁正在广泛展开的智慧城市建设，可以为数字经济的发展奠定坚实的硬件基础。辽宁各级政府应在现有5G网络建设的基础上，全面推动智慧城市的建设。通过引入物联网、云计算、大数据、移动互联网、空间信息技术、人工智能六大关键技术，架构应用层、平台层、网络层、感知层软硬件设施设备，构建1个城市数据大脑，整合连接N个智慧行业平台，打通横向纵向数据壁垒，形成“1+N”城市数据大脑体系，让数据无障碍地汇聚到城市数据云平台，通过城市数据大脑智能化的认知、分析、存储、提出建议等提升辽宁城市在电子政务、交通、教育、医疗、征信、公安、安监、质监、环保等领域的智能化。还要建设物联网平台，实现对不同系统设备进行统一实时的接入管理、数据采集和解析，各政府部门、企业可以通过统一的接口获取设备实时数据，并迅速进行分析和预测，并做到信息共享、分析共享、决策共享。

（四）营造良好的人才环境

发展数字经济离不开人才，只有通过努力营造良好的外部环境，才能吸引人才前来辽宁工作。为此，辽宁应强化人才战略，制定一系列吸引人才的具体措施。例如，可规定凡到辽宁省从事数字经济工作的留学回国人员，属在职出国留学并按期回国的，出国留学时间可合并计算为工龄；在境外获得博士、硕士学位的，其攻读博士、硕士学位的时间计算为工龄。各级政府还应对引进的高级专业人才在研发经费、住房补贴、家属随迁、子女入学等方面提供优惠政策。在薪酬方面，探索新型激励模式，探索简化国际研发服务人才取得股票、期权的操作程序。发挥企业、高校、科研机构等主体的作用，通过项目、基地、教学合作等多种形式，吸引海外高层次技术转移人才和团队前来效力。鼓励有条件的高校与企业、科研机构、科技社团等建立联合培养机制，将高层次技术转移人才纳入国家和地方高层次人才特殊支持计划。培育技术经

纪人，完善技术经纪人评价考核和职称评审机制。归国人才在国外获得我国教育主管部门承认学历学位的，可以申报参加专业技术职务任职资格的评审或考试。

（五）加大对数字经济企业的财政、金融支持力度

为了促进数字经济的快速发展，辽宁各级政府应对相关产业、企业制定必要的财政扶持和税收优惠政策。在这方面，其他省份有许多经验可供借鉴。例如，湖南规定：对建设企业级工业互联网平台的试点项目，给予不超过项目投资20%、金额不超过500万元的项目资金支持。鼓励有条件的大型制造业企业并购国内外工业互联网公司，对并购成功的给予不超过并购投资20%、金额不超过500万元的项目资金支持。深圳规定：对申报深圳工业互联网发展扶持计划的项目投资额，应为不含税金额，项目申报单位取得的增值税专用发票，可抵扣进项税额（不可抵扣的除外）不论是否发生实质抵扣，均予以剔除，不计入投资或费用支出，即申报项目投资额应为不含税金额。

在金融政策方面，辽宁各级政府出台的政策应以尽可能地促进数字经济发展为目标，为相关项目提供全面的金融保障。政府可支持数字产业企业按规定申请发行专项债券等市场化融资工具，筹集专项资金用于数字产业项目建设。鼓励金融机构开发针对数字产业发展的信贷新品种，简化相关贷款审批流程、缩短审批时间，开设融资“绿色通道”，并可视项目实际情况给予利率优惠政策。相关政策可鼓励金融机构围绕重点企业的上下游企业融资需求，积极开展供应链金融服务。举行供应链担保服务业务交流会，向全省融资担保机构印发数字行业企业供应链金融服务操作流程图。推动建立银行机构与试点或重点企业联系，加大试点或重点企业融资力度。引导地方金融机构规范开展金融业务，组织开展行业风险排查活动，切实防范可能出现的金融风险。同时，在传统金融的基础上，大力发展天使投资、创业投资、风险投资等。通过创业大赛、创业训练营、创客空间等创新创业载体积极培育数字行业的种子企业、种子项目。实现现代金融与数字经济创业资源的无缝对接，打造以互联网金融为载体、线上线下相结合的数字经济创新创业生态圈。

参考文献

[1]《中共中央关于制定国民经济和社会发展第十四个五年规划和二〇三五年远景目标的建议》，http://cpc.people.com.cn/n1/2020/1104/c64094-31917780.html。

[2]《中共辽宁省委关于制定辽宁省国民经济和社会发展第十四个五年规划和二〇三五年远景目标的建议》，http://news.cctv.com/2020/12/07/ARTI7Ze8X8453W2V

0qLdIB5r201207. shtml。

［3］《辽宁省数字经济发展规划纲要》，http：//www. ln. xinhuanet. com/2020 -10/19/c_1126627505. htm。

［4］Goldfarb，A. ，Tucker，C. . Digital Economics［J］. Journal of Economic Literature，2019（Vol. 57，No. 1）：3 -43.

［5］易宪容、陈颖颖、位玉双：《数字经济中的几个重大理论问题研究——基于现代经济学的一般性分析》，载《经济学家》2019 年第 7 期，第 23 -31 页。

［6］许恒、张一林、曹雨佳：《数字经济、技术溢出与动态竞合政策》，载《管理世界》2020 年第 11 期，第 63 -79 页。

［7］赵涛、张智、梁上坤：《数字经济、创业活跃度与高质量发展》，载《管理世界》2020 年第 10 期，第 65 -76 页。

［8］刘刚、张昕蔚：《欠发达地区数字经济发展的动力和机制研究——以贵州省数字经济发展为例》，载《经济纵横》2019 年第 6 期，第 88 -100 页。

［9］田俊峰、王彬燕、王士君、程利莎：《中国东北地区数字经济发展空间分异及成因》，载《地域研究与开发》2019 年第 12 期，第 16 -21 页。

［10］李晓钟：《数字经济下中国产业转型升级研究》，浙江大学出版社 2019 年版，第 35 -70 页。

［11］金江军：《福建省数字经济发展对策研究》，载《发展研究》2020 年第 3 期，第 23 -28 页。

［12］陈建军：《论数字经济发展的区域响应机制——基于长三角和浙江经验的研究》，载《学术前沿》2020 年第 9 期，第 30 -39 页。

［13］吴福象：《长三角区域数字经济的发展经验评析》，载《学术前沿》2020 年第 9 期，第 58 -65 页。

［14］段博、邵传林：《数字经济加剧了地区差距吗？——来自中国 284 个地级市的经验证据》，载《世界地理研究》2020 年第 7 期，第 728 -737 页。

［15］中国信息通信研究院：《中国数字经济发展与就业白皮书》，https：//max. book118. com/html/2019/0424/7022124101002022. shtm。

［16］中国电子信息产业发展研究院：《2020 中国数字经济发展指数报告（DEDI）》，http：//www. 199it. com/archives/1132997. html。

［17］Tapscott D. The Digital Economy：Promise and Peril inthe Age of Networked Intelligence［M］. New York：McGraw Hill，1996.

［18］《二十国集团数字经济发展与合作倡议》，http：//www. g20chn. org/hywj/dncgwj/201609/t20160920_3474. html。

[19] 赛迪顾问:《2020 中国数字政府建设白皮书》,https://www.sohu.com/a/425569711_99900352。

[20] 赛迪顾问:《2020 中国数字城市百强研究白皮书》,http://www.e-gov.org.cn/article-175362.html。

Research on the Current Situation, Problems and Countermeasures of Liaoning Digital Economy

Bai Yunfei

Abstract: At present, China's digital economy is entering a stage of rapid development. Liaoning Province should seize the wave of digital development and constantly speed up the development of digital economy. This paper first reviews the relevant research literature on the development of digital economy, then analyzes the current situation and characteristics of Liaoning digital economy, and then analyzes the problems and obstacles in the development of Liaoning digital economy one by one, and finally puts forward the corresponding countermeasures and suggestions.

Key words: Liaoning　Digital economy　Countermeasures

数字经济推动辽宁新基建发展的路径研究

黄立强　韩朝阳　智　青*

摘　要： 数字经济是一种继农业经济和工业经济之后的新型经济社会发展形态。信息技术的发展正以不容忽视的速度助力国家体系稳健运行，数字化已然成为国家经济发展的重要引擎。本文研究了数字经济对辽宁新基建发展的作用路径，通过对当前数字经济发展的现状及其影响分析，并从不同层面分析5G商用对数字化转型的推动作用，进而建立数字经济与新基建之间的关系，在此基础上进一步对"数字辽宁"和新基建之间的关系及存在的问题进行阐述，最后给出解决问题的建议并提出数字经济推动辽宁新基建发展的路径。

关键词： 数字经济　东北振兴　新基建　5G　人工智能

一、数字经济发展现状与重要影响

（一）数字经济受新冠肺炎疫情影响加速向居民生活渗透

数字经济发展得益于互联网快速发展。根据中国互联网络信息中心（CNNIC）发布的《第45次中国互联网络发展状况统计报告》，人们在宽带、无线网络基础应用、商务交易、网络娱乐等方面对网络的要求日渐提高，移动互联网的应用也更加丰富。其中网络视频以惊人的增速攀升至网民用户首位。移动互联网已从前期的粗犷发展模式中退出，目前基础资源状况不断优化，互联网安全也有了保证，人们对于移动互联网的潜在应用需求不断被激发。加之2020年春节期间全国范围内持续爆发的新冠肺

* 作者简介：黄立强（1979～），辽宁朝阳人，辽宁大学经济学院讲师，研究方向为金融科技；韩朝阳（1996～），河南南阳人，硕士研究生，研究方向为数字经济；智青（1996～），山西晋中人，辽宁大学经济学院，硕士研究生，研究方向为人工智能保险应用。

炎疫情，“封城”“封路”“封铺”，居家隔离等举措使人们日常生活被动向线上转化。截至2020年3月份，网络视频用户规模已达到8.5亿人，比2018年增长了1.6亿人，视频点击率占总体网民的94.1%；网上支付的使用率以85.3%紧随其后。由于新冠肺炎疫情影响，第一季度网络直播、在线教育的规模迅速扩大，后者用户规模达4.2亿人，使用率为上年同期的二倍还多①。随着网络和高新技术的发展，场景应用也更加多元，互联网的普惠、便捷、共享等特点有效促进了民生福祉改善，如在线问诊、在线支付、网上冲浪、云娱乐、虚拟现实（VR）体验等已经给人们生活带来了极大便利。

（二）数字经济已经成为传统产业转型升级的重要途径

数字经济在产业升级转型中的作用已经从政策推动到了落实发展阶段，成效显著。自2015年国务院颁布《国务院关于积极推进“互联网+”行动的指导意见》以来，“互联网+”已逐步融入创新创业、协同制造、便捷交通、智慧城市等多个领域，数字经济为传统企业灌输了新鲜的血液。以制造业为例，工业机器人、3D打印机等装备在我国制造业中已经大规模运用，近年来航空沈飞、青岛红领、辽宁钢铁等在智能制造上均有大的突破，华为、中国南车等中国制造逐步走向世界视野，打造国际产业链中高端品牌。从数据来看，2019年企业生产设备数字化率、关键工序数控化率、数字化研发设计工具普及率分别达到47.4%、49.7%、69.7%②，而传统制造企业的生产率为35.5%，数字经济带动的经济增速不言而喻。工业互联网在2020年两会期间再被提及。截止到2018年，国内数字化在产业中的应用规模已超过24.9万亿元，工业数字经济发展潜力巨大，展现加速增长，一度占行业增加值的18.3%。2019年，全国范围内超过22.8%的制造企业在数字化转型实践方面步入创新突破与集成提升阶段。25.6%的企业实施服务化转型，向价值链高端跃升。

（三）数字化已成为国家经济发展的重要引擎

新工业革命方兴未艾，人工智能、机器人技术、量子科技、云计算等蓬勃发展，行业转型升级步伐加快，引发经济社会的全方位变革，科技领先地位之争在世界各国如火如荼。《全球数字经济竞争力发展报告（2018）》从数字基础设施、数字产业、创新能力以及数字治理等相关方面对全球50个国家的数字竞争力进行测度，测度结

① 中国互联网络信息中心：《第45次中国互联网络发展状况统计报告》，http://www.cac.gov.cn/2020-04/27/c_1589535470378587.htm。

② 苏苏：《全国政协委员、大帝集团董事长吕培榕：推进工业互联网高质量发展加快实体经济数字化转型》，载《人民邮电报》2020年5月20日。

果显示美国处于首位，总体分数为84.24分；中国数字经济竞争力以63.05分位居第二①。根据相关数据显示，我国的数字经济规模增速明显，在2018年已达到31.1万元，与上年同期相比增长了20.9%，数字经济对国家经济发展贡献力量巨大，占我国GDP总量的34.8%②。在我国数字经济规模体系中，产业数字体系最大，其规模达到24.9万亿元，占GDP的27.6%，同时数字经济在农业、工业和服务业中均有不同程度的渗透。数字化在国家经济发展中的作用功不可没。在中国经济进入新常态下，信息技术的发展正以不容忽视的速度助力国家体系稳健运行，数字化已然成为国家经济发展的重要引擎。

二、数字化转型过程中5G商用的推动作用

我国5G技术进入商用规模的篇章在2018年拉开序幕，2018年12月19日，中央经济工作会议提出“加快5G商用步伐”，2019年6月6日工业和信息化部向国内三大运营商颁布5G商用牌照，从此5G商用发展正式面向大众。5G技术推进不仅为移动通信产业发展带来新机遇，同时对我国产业数字化转型、发展数字经济也具有重要意义。根据中国信息通信研究院预测数据，在五年内（2020~2025年）我国5G发展将创造300万个工作岗位，直接创造经济增加量3.3亿元。5G发展有助于传统制造业数字化转型、现代农业数字化转型、政府管理数字化，并且可以带动许多新产业、新服务，促进经济发展不断向前迈进。

（一）5G基建是数字经济体系的底层建筑

根据CNNIC数据显示，截至2019年底，中国移动、中国联通、中国电信三家基础电信企业光纤接入（FTTH/O）用户规模达到4.16亿户，这一比例占固定用户宽带接入的92.9%（见图1）。得益于移动通信技术的发展，我国固定宽带网络规模全球第一，在全国地级以上城市均已实现光纤网络全面覆盖。从地域分布来看，虽然农村地区经济发展落后，数字化渗透度较低，但目前工信部与相关部门联合，支持了13万个农村光纤网络建设。光纤宽带向农村地区甚至是偏远地区覆盖，4G移动通信技术早已发展成熟。数据显示，在2017年底，我国数据中心总机架规模已超出发达国家水平，达到166万架，与上一年的发展情况相比，增速达33.4%。数据中心规

① 王振：《全球数字经济竞争力发展报告（2018）》，社会科学文献出版社2018年版。

② 中国信息通信研究院：《中国数字经济发展与就业白皮书（2019年）》，http：//www.caict.ac.cn/kxyj/qwfb/bps/201904/t20190417_197904.htm。

模大小一定程度上代表了移动通信技术的发展情况，我国在 2018 年超大规模数据中心已有 28 万余架，大型数据中心 55 余万架，并且构建数量继续增加。信息基础设施是最先被数字化的部分，反过来信息基础设施建设和优化会为数字经济发展提供及其强大的动力。2019 年，我国移动通信业务营业收入超过 1130 亿元，据工信部预测，由于移动通信设施的全面覆盖和 5G 技术的成熟和普及，我国互联网数据中心（IDC）业务继续保持 30% 以上的增长率。移动网络信息通信技术是互联网发展的基础，同时数字经济发展还需借助“互联网 +”的经济形式发力，由此来看，信息通信技术是数字经济体系建设和发展的基础。

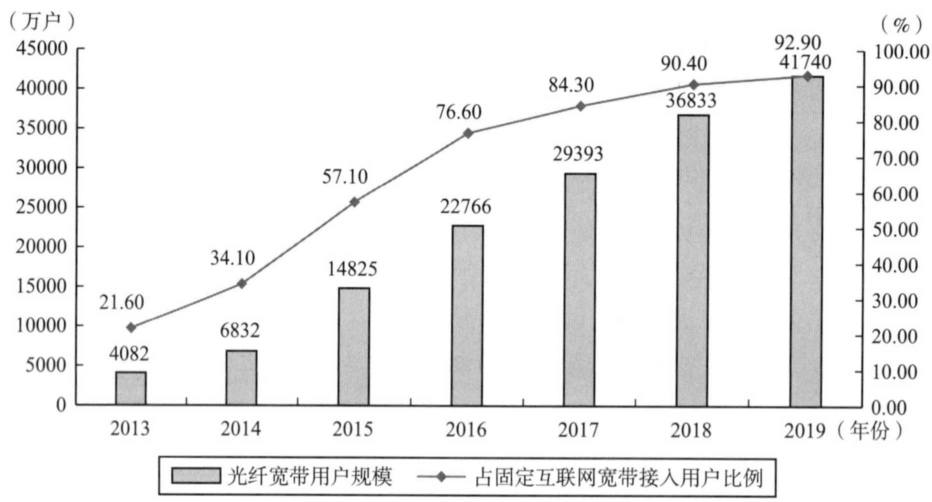

图 1　光纤宽带用户规模及占比

资料来源：中国互联网络信息中心。

（二）5G 技术是数字经济行业发展的火箭推动器

移动通信技术从 1G 的数字到 2G 的语音、3G 的图片、4G 的视频，不断地给用户带来新的体验，满足人们随时随地上网的需求。目前海量的短视频平台、移动数据流量的爆发式增长，以及人们多元化场景的需要，使移动通信技术更新换代加速，5G 技术进入商用阶段。5G 技术建立在 4G 技术基础之上，但在峰值速率、连接密度和流量密度方面远远超过 4G 时期。5G 技术下，IPv6 的发展支持企业建立自己的独立组网，独特的 IP 地址使工业互联网和物联网技术成功走向大众面前。万物互联、天地互联在新一代移动通信技术下走出神话圈。独立组网的节点可以产生更多数据，与医疗、驾驶等模式下需要低时延、高速率移动通信技术相契合。新冠肺炎疫情期间，火神山医院迅速拔地而起，以 10 天 10 夜惊人的速度投入使用，这无疑是 5G + 时代经济发展的最好见证。回顾医院建设过程，“云监工”们通过“5G＋光纤双千兆网络”全天候地传输医院的实时建设情况，9000 万人次的在线播放以及累计 3 亿＋的访问量，有力说明了 5G 给视频媒体带来的极大传输效率。5G＋工业互联网的应用不仅提高了火神山医院的建设速度，而且时刻提供故障预警保证了建设质量。5G 技术的投入运用加快了制造业的生产效率，提升了服务业的质量，极大便捷了家庭生活。如苏州罗博特科工厂利用 5G 网络技术替代原有运营技术（OT）层的有线和无线通信技术（Wi－Fi）连接实现了边缘计算下的智能柔性生产、天津海尔洗衣机工厂联合电信运营商打造 5G 智慧园区实现全部操作过程智能化，中国商飞利用 5G 网络下 8K 超清图像传输技术建立飞机示范工厂等。5G 技术独有的覆盖广、流量密、低功耗、低时延的特点，能够支持包括虚拟现实、增强现实、物联网、车联网、智能城市等在内的多元应用场景。5G 技术的运用在为用户带来场景消费和在线体验的同时也将有效地促进数字行业向智慧化发展。

（三）5G 商用普及是数字化生活纵深发展的新动力

近年来，我国劳动力整体增长缓慢，甚至已显现下降的趋势，老龄化程度日益加深，支持中国经济高速增长的“人口红利”正在逐渐消失。但是反观中国网民的规模却在日益扩大，互联网的普及率随着移动通信技术的不断升级改造也在稳健增长，人口大国向网民大国转变的过程中，网民规模红利在当代数字经济发展中优势渐显。得益于巨大的人口基数，到目前为止我国网民规模已达到 9.04 亿人①，为发展数字经济创造了良好的条件。如果说 4G 的出现让人们的生活开始向线上转移，那么 5G 的到来必将使人们的数字生活更加精细化。信息基础设施和信息产品迅速普及，信息技术通过对传统产业的不断赋能，给边远地区和弱势群体提供了便捷了解市场信息的途径。巨大的网民规模是全民生活线上化并最终实现整体数字经济发展的基础，弱势群体可以通过互联网平台进行创新创业，不断激发数字经济的优势。

5G 为新冠肺炎疫情期间的防控等措施提供了基础的支撑作用，同时疫情也为 5G 技术发展提供了得天独厚的优势。疫情期间，人们日常生活被迫向线上转化，云游戏、云课堂、在线购物、在线问诊、云娱乐几乎覆盖人们全部的日常行为，9 亿多的网民规模可见一斑，“宅”经济迅猛发展。5G 商用步伐的加快，使超高清视频、AR/VR、无人驾驶等项目为数字化发展奠定基础。与之前的扁平化发展模式不同，5G 将纵向发展延伸到垂直行业，为数字经济发展注入新动力。

---

① 中国互联网络信息中心：《第 45 次中国互联网络发展状况统计报告》，http://www.cac.gov.cn/2020－04/27/c_1589535470378587.htm。

网购网销目前已经非常普遍，在线学习、在线支付、远程医疗服务似乎成了人们生活中不可或缺的部分，人们正享受着前所未有的便利。虽然我国网民规模巨大，但与发达国家相比，电脑普及率、网民普及率、宽带和智能手机的普及率还有一定的差距。5G 基建大范围商用下，网络便利更加显现，以互联网普及率为例，每年网民增加数量以 400 万人计，数字经济就会有质的提升。

三、“数字辽宁”建设与新基建关系及存在问题

（一）“数字辽宁”与辽宁新基建发展情况

2016 年 G20 峰会上我国首次对数字经济做出以下考虑：数字化的知识和信息是数字经济的关键生产要素、现代通信网络是重要载体、移动通信技术的使用可以有效提升增速。在工业经济时代，移动通信技术落后，互联网产业还只是天方夜谭，总体的经济活动全部建立在以“铁公机”（铁路、公路和机场）为基础的三大工业设施之上。数字技术出现后，特别是移动通信技术的更新换代，使网络和人工智能等相关新科技成为必要的信息基础设施。数字经济也在不断提效的移动通信技术发展过程中范围不断地扩大。数字经济不仅局限于宽带、Wi－Fi 等基础信息设施，还涉猎到原有物理基础设施的改造中，如自动驾驶、数字化车床、数字化交通系统、安装传感器的自来水总管等。数字化对产业的冲击推动了工业时代以“砖和水泥”为代表的基础设施建设转换成数字时代以“光和芯片”为代表的基础设施形式。在新基建战略正式提出之前，辽宁省已经响应习总书记“加快数字中国建设”的号召，制定了“数字辽宁”发展规划。数字辽宁实质上是以信息化培育新动能，对促进辽宁全面振兴发挥了巨大推动作用。

新基建建设规划推动辽宁省“千兆城市”建设：通过全面推进 5G 规模组网、推动智慧广电网络建设等项目的实施，发展新一代移动通信网络；通过培育工业互联网试点示范、布局工业互联网标识解析二级节点等项目的实施，加快构建工业互联网产业生态；依托省内骨干网络节点城市，支持沈阳市大东区、中德装备园打造“车联网封闭测试区”“车路协同示范区”；围绕优势学科领域，发展材料科学国家研究中心、发展智能制造中心；通过打造材料科学国家研究中心、智能制造研究中心、沈阳（浑南）科技城、大连（英歌石）科技城等项目，加快建设重大科技创新平台。从 2020 年到 2022 年，辽宁省将围绕建设新型信息基础设施、发展融合基础设施、培育创新基础设施三大领域，强力推进新型基础设施建设。

数字辽宁建设已经涉及了新基建发展领域的大部分内容，但新基建的范畴比数字

化建设要更宽泛，影响会更大，除了数字经济发挥的推动和促进作用，更蕴含着颠覆传统行业的巨大能量。正因为如此，新基建国家战略迅速得到响应。截至 2020 年 5 月 1 日，已经有 13 个省份发布了相关重点项目投资计划，其中 8 个省份公布了总投资额，共 33.83 万亿元（王德伦，2020）。辽宁省在此轮统计中未出现在名单中，引起了广泛关注，甚至在网络上出现了专门的解释。实际上，辽宁省一直在推动新基建项目。2020 年 3 月，辽宁省政府发布了《辽宁省工业互联网创新发展三年行动计划（2020～2022 年）》，2020 年 5 月沈阳南北两个数据中心已经破土动工，《2020 年辽宁省政府工作报告》中也有与新基建密切相关、投资额巨大的基础设施建设项目（如沈阳新松机器人未来城等 50 项重点项目）等。人工智能研究方面近年来也已经取得了喜人成绩和良好发展，科研创新和人才培养力度大幅提高，这些成效主要取决于一批国家级和省级研发技术平台的成功建立、龙头企业领先优势的发挥以及《辽宁省新一代人工智能发展规划》的出台与实施。以东北大学为代表的一批高校依托东北区域超算中心平台、中国科学院沈阳自动化研究所和沈阳数字经济产业园开展国际前沿人工智能（AI）研究和应用工作，为推动辽宁省人工智能独立体系提供了必要的基础支持。一些大型企业如沈阳富创精密设备有限公司、沈鼓集团等也在不断寻求智能制造领域的突破，并尝试在新的技术领域展开探索。机器人所渗透的科技服务行业也由原本的电子制造业逐渐扩展为医疗、交通、通信、军用等领域。同时《辽宁省新一代人工智能发展规划》截止到 2030 年的战略目标也进一步明确了包括构建完善的智能科技创新与服务体系、培育高端高效的智能经济形态、建设便捷安全的智能社会等在内的多项目标与具体任务，为辽宁省人工智能发展提供了坚实的政策根基。以上情况说明，在辽宁全面振兴的道路上，辽宁省具有争夺新基建制高点的基础，但在具体实施过程中，仍有需要注意的问题。

（二）辽宁新基建发展存在的问题

辽宁新基建总体计划推出和宣传滞后。数字辽宁建设中大部分项目是属于新基建内容的，辽宁开展了多项重大工程，取得了喜人的成绩。但作为中央密集出台政策推动的战略性发展工程，作为需要万亿元投资额度的建设项目，辽宁省缺少新基建总体规划和投资方案，对外相关宣传力度不足，不利于有步骤、有计划地展开新基建工作、争取中央支持和得到资本关注。

具体到新基建重点发展领域中，存在以下四方面问题：

一是 5G 基建项目观望居多，落地较少。目前，5G 基建项目正在有序推进。在智慧城市方面，鞍山计划 2020 年建成 5G 基站 2284 个，截止到 2020 年 10 月 31 日，全市建成的 5G 基站已经有 1591 个，开通 5G 基站 1563 个。通过对原有基础设施进行适应性改造以期缩短搭建周期和降低成本；在远程医疗方面，近期辽宁省5G基建项目陆续落地。但到目前为止，大多地区对于5G基础建设处于观望态度，实际落地项目仍然较少。

二是数据中心配套制度建设发展缓慢。数据中心物理形态固然重要，但是要发展好数据中心，与数据相关的法律法规以及制度建设才是更重要的。目前，关于大数据相关的产权保护、数据平台服务规则尚未完善，建设数字辽宁的行政部门之间数据尚不能相互连通，在数字化政务发展缓慢的情况下，推动数字辽宁和新基建发展效率较低，数据作用和价值大打折扣，数据中心真正的功能发挥受到限制。此外，在数据技术创新度、统一数据标准化、大数据人才挖潜和引进方面也有大量工作需要加快推动。

三是人工智能项目布局较弱。辽宁省尚未出台具体关于人工智能的项目规划，这可能与自身基础和定位有关。实际上，人工智能产业生态丰富，人工智能可以应用的领域非常广泛。新基建的重点是新技术在传统行业中的应用，而不一定是新技术研发。因此，在这个方面辽宁省不应落后和缺项，可以从自身优势出发，做人工智能技术应用的重点项目。

四是人工智能研发较为局限。辽宁省技术研发力量主要局限于少数科研院所和高新技术企业，且企业多处于创业起步阶段，缺少知名度高、产品应用领域广的龙头企业，而且同样也缺少在省内拥有一定知名度和影响力的标志性人工智能产品，围绕省内核心应用企业的人工智能创新生态和服务体系尚未完全形成。且人工智能的应用场景主要限制在机器人、智能制造等领域，缺乏向省内传统产业的有效过渡和渗透，省内高端技术应用型企业和市场对于人工智能等新兴产业的培育和拉动力没有充分显现，且没有完全形成人工智能行业示范效应。

四、加大辽宁新型基础设施建设力度的建议

（一）加快制定有“数字辽宁”烙印的新基建总体规划

辽宁省不缺少国家政策支持，既有创建国家中心城市的使命，也有沈抚新区改革试点，还是金融改革试验区。辽宁省也提出了多个社会经济发展规划。辽宁省政府有必要将以上政策进行梳理，把新基建与以上国家政策和改革发展规划有机结合，提出具有鲜明特色和切实可行的辽宁新基建总体建设方案，确定总体发展目标、重点项目和建设步骤，有序推进数字辽宁和新基建工作，脚踏实地、一步一个脚印不断取得建设成果。同时，有必要加大对新基建的宣传力度，设置专门的宣传窗口，通过包括网站、公众号、短视频等新媒体形式，扩大外部对辽宁新基建全面、及时、正确的

认知。

（二）有序推进5G建设应用落地

一是需求引导，有序推进，落地开花。5G网络的建设应以需求为牵引，以市场为导向，与城镇多元化发展为契机，做到5G网络建设切实可行而又行之有效。在智慧城市建设中应以生活环境宜居化、公共服务便捷化、基础设施智能化和网络安全长效化为需求重点，考虑近期和远期目标相匹配、打造前期可用后期有保障的5G基建项目。在5G建设初期，充分利用现有资源，如充分利用城市灯杆、监控杆路等基础设施搭建5G基站。

二是民生优先，拓展场景，立竿见影。辽宁省5G网络基础建设的发展应结合应用场景，从重点场景出发，寻求技术突破，多方面打造5G应用场景模式。重点场景的选取应该以贴近民生、高频运用原则进行选取，从而能够使5G技术的运用立竿见影，切实提高城市治理效率、改善居民生活、增加民众获得感。

（三）加快优化大数据中心相关环境

一是率先打破政务数据壁垒。辽宁省建设大数据中心必须保证各项数据开放共享，破解各城市、各单位、各企业之间的数据壁垒，保证政策法规的一致性，制定相应的配套政策和法律措施。辽宁省政府部门作为信息资源的主要持有者和使用者，一方面，应从政府层面继续完善推动数据共享的具体政策，并增强政策强制性；另一方面，应建立一套鼓励共享机制，让那些数据共享量大、访问多、评价好的主体得到相应激励。各企业单位也要主动出击，在打通数据壁垒、实现数据共享方面尽职尽责。

二是统一省内基础设施数据标准。为了加速辽宁省大数据中心的建设，实现大数据产业引领全省经济发展，打造现代化、信息化的智能城市的目标需要全省城市数据标准的一致性。因此必须加强省内各城市基础设施统计数据的一致性，推动政府进行管理方式和管理标准的统一，进而形成统一的数据标准，为辽宁省大数据中心加快发展和提升效能打好基础。

（四）优先推动车联网产业发展带动新基建项目落地生根

辽宁省人工智能项目规划较为滞后，但是在与5G、大数据、人工智能均有产业链关系的车联网领域，辽宁具有自身优势和一定基础。早在2015年，即成立车联网产业创新联盟，其成员包括东软集团、华晨汽车、辽宁曙光汽车、大连华信等40余家会员企业，已实现合作研发通信应用、车载智能终端、车载自动诊断系统（OBD）技术应用、平台与大数据挖掘等技术。

2020 年 2 月，国家发改委等 11 部委联合印发《智能汽车创新发展战略》，以推进智能汽车创新发展。加快推动沈阳市、大连市开展车联网测试，对测试路网进行智能化改造，建设 5G 网络环境下可满足多种典型场景需求的测试场地。

（五）创新引领统筹推进人工智能产业持续发展

坚持从人工智能基础理论研究、创新研发攻关、系统升级培育、产品示范推广着手，以提升人工智能科研水平和创新能力为重点、持续推进 AI 关键技术领域深度融合发展为主线，促进辽宁省人工智能产业转型升级、结构优化和提质增效。首先着眼于突破基础理论研究瓶颈。重点聚焦于人工智能前沿技术和应用限制，注重解决人工智能基础算法、产业核心技术、创新引领工艺和具体实际应用等研究难题。其次侧重于构建更加完善的创新服务体系。坚持创新驱动，引导更多企业与实力较强的中国科学院沈阳自动化研究所、辽宁省人工智能产业技术创新研究院等科研机构和基地建立长期合作关系，发挥自身优势积极营造创新发展氛围。最后落实到创新产品输出上。以布局人工智能产业链中高端产品为主导，推动辽宁重点领域智能制造产品的创新，积极培育新兴技术和产业动态，在不放松机器人制造传统优势的基础上，踊跃探索其他领域产品应用的创新。

（六）健全发展机制促进人工智能总体布局建设

根据辽宁省人工智能科研成果、研发进度、产业集群和应用转化效率等特征，推进创新企业培育、落实平台支撑、实施项目规划等统筹协调。一是培养第一梯队人工智能龙头企业。巩固智能制造产业优势，鼓励地方政府引进外部高新技术企业，加快培育专注于人工智能相关业务的创新型中小企业，并支持重点领域骨干企业向人工智能方向转型升级，以此为基础进一步完善省内人工智能总体布局。二是健全人工智能产业平台建设。持续推动政府、产业、学会的研究协调联动，切实发挥知名高校和科研院所的带动作用。加快建设人工智能相关专业和学科建设水平。推进人工智能生态链融合发展，以建设经济技术开发区、产业集群、特色小镇等项目为载体，打造一批覆盖沈阳、大连两大资本聚集地的人工智能产业基地。三是谋划实施新型 AI 产业项目。进一步强化人工智能项目的支撑和引领，打造一批涵盖从人工智能的核心技术到产品研发应用的新型项目群。

参考文献

［1］佟家栋、盛斌、蒋殿春、严兵、戴金平、刘程：《新冠肺炎疫情冲击下的全球

经济与对中国的挑战》，载《国际经济评论》2020年第3期，第9、第28、第4页。

[2] 储伟、燕亚兰：《5G应用场景业务流量模型仿真平台研究》，载《通信与广播电视》2020年第2期，第6－12页。

[3] 王文生：《“双5G”夯实新基建》，载《通信产业报》2020年6月1日。

[4] 张新红：《数字经济与中国发展》，载《电子政务》2016年第11期，第2－11页。

[5] 田辉、范绍帅、吕昕晨、赵鹏涛、贺硕：《面向5G需求的移动边缘计算》，载《北京邮电大学学报》2017年第2期，第1－10页。

[6] KPMG. pulse－of－fintech－h2－2019 [R]. 2020https：//assets. kpmg/content/dam/kpmg/xx/pdf/2020/02/pulse－of－fintech－h2－2019. pdf.

[7] IMF. Fintech：The Experience So Far，2019. https：//www. imf. org/en/Publications/Policy－Papers/Issues/2019/06/27/Fintech－The－Experience－So－Far－47056.

[8] 本刊编辑部：《5G＋X赋能产业数字化转型》，载《建设机械技术与管理》2020年第2期，第54－63页。

[9] 程德理、傅春晓：《智慧城市中的人工智能专利技术应用分析》，载《上海城市管理》2020年第5期，第78－83页。

[10] 丁伟伟：《人工智能技术在智慧城市建设中的应用》，载《信息记录材料》2020年第1期，第236－237页。

[11] 何枭吟：《美国数字经济研究》，吉林大学2005年论文。

[12] 胡郁：《基于人工智能与物联网的未来城市规划原则》，载《中国治理评论》2020年第2期，第62－79页。

[13] 金定勇、吴斌、夏秋新：《新基建助力智慧城市应用升级》，载《江苏科技信息》2020年第17期，第60－62页。

[14] 吴静、张凤、孙翊、朱永彬、刘昌新：《抗疫情助推我国数字化转型：机遇与挑战》，载《中国科学院院刊》2020年第353期，第306－311页。

[15] 薛泽林、孙荣：《人工智能赋能超大城市精细化治理——应用逻辑、重要议题与未来突破》，载《上海行政学院学报》2020年第11期，第56－63页。

[16] 姚娟、闻琛阳、马婧：《人工智能技术在智慧城市中的应用》，载《通讯世界》2020年第1期，第150－151页。

[17] 张琦：《面向5G的大规模MIMO无线传输技术研究》，南京邮电大学2015年论文。

[18] 张勋、万广华、张佳佳、何宗樾：《数字经济、普惠金融与包容性增长》，载《经济研究》2019年第8期，第71－86页。

The Path of Digital Economy to Promote the Development of Liaoning's New Infrastructure Construction

Huang Liqiang　Han Zhaoyang　Zhi Qing

Abstract: Digital economy is a new form of economic and social development after agricultural economy and industrial economy. The development of information technology is helping the national system to run steadily at a speed that cannot be ignored, and digitalization has become an important engine of national economic development. This paper studies the role path of digital economy in Liaoning's new infrastructure development, analyzes the current situation of digital economic development and its impact, and analyzes the role of 5G commercialization in promoting digital transformation from different levels, and then establishes the relationship between digital economy and new infrastructure construction (hereinafter referred to as "new infrastructure"), on the basis of which the relationship between "digital Liaoning" and new infrastructure and the existing problems are expounded, and finally gives suggestions to solve the problem and the path of digital economy to promote Liaoning's new infrastructure development.

Key words: Digital economy　Northeastrevitalization　New infrastructure　5G　Artificial intelligence

基于区块链技术应用的科技金融创新研究*

张德昌**

摘　要：近年来，世界主要国家纷纷把区块链技术的开发和应用作为国家的重要战略，在我国，区块链技术及应用也已上升为国家战略。由于区块链技术与金融业具有天然耦合性，能够缓解信息不对称，有效管控信用风险，降本增效，因而金融领域成为区块链技术应用的重点领域，区块链技术成为科技金融创新的必备要素。近年来，区块链技术在金融领域应用和科技金融创新中出现了一些效果较好的落地场景，但整体上仍处于局部试点阶段，经过实践验证的应用案例并不多。究其原因，一方面，区块链技术本身尚不成熟，在技术层面存在可扩展性不足、效率低下、“不可能三角”，以及智能合约设计不完善等问题；另一方面，区块链金融相关法律和监管缺失，技术标准体系不完备等也成为现实障碍。为此，本文提出加大区块链金融系统研发、链上链下协同，积极推广联盟链应用，提高智能合约在实践中的适用性，出台相关法律，加强和完善区块链金融监管，制定出台区块链金融行业标准等对策建议，以期在防控金融风险的前提下，有效推动区块链在金融领域的应用，实现基于区块链技术应用的科技金融创新发展。

关键词：区块链技术　科技金融　科技金融创新

* 基金项目：2020 年度沈阳市哲学社会科学规划课题一般项目“基于区块链技术应用的科技金融创新研究”（SYSK2020－13－09）的成果。

** 作者简介：张德昌（1965～），辽宁沈阳人，沈阳航空航天大学经济与管理学院副教授，经济学博士，研究方向为区块链金融、公司金融。

一、引　言

科技金融（fintech）通常被界定为科技和金融的融合，即将科技应用到金融领域，推动金融创新。科技金融是被科技改造的金融，具体来说就是利用包括区块链、人工智能、云计算、大数据、移动互联等前沿科技手段改造、重构和赋能传统金融。科技对金融的作用主要体现为降低交易成本和提高金融效率，并创造普惠、便捷的金融产品。近年来的理论和实践表明，科技是金融转型和创新的最强大推手，随着以互联网、人工智能和大数据为代表的科技快速发展，金融创新对科技的依赖程度不断加深，金融与科技的不断融合已经呈现不可逆转的趋势，传统金融正在发生巨变，正在让位于被科技日益颠覆和改造的金融。近年来，科技发展对传统金融体系造成巨大冲击，究其原因在于：一方面，传统金融的转型和发展速度远远滞后于科技的发展速度；另一方面，以互联网为代表的科技快速发展，改变了传统金融的社会环境，尤其是被互联网改变的金融消费者已经成为推动金融科技化、促进金融与科技快速融合的最重要动力，并催生出许多具有竞争力的创新金融模式。

迄今为止，从科技金融或金融科技化的发展历程来看，经历了从传统金融到互联网金融，互联网金融到基于区块链、人工智能、大数据等科技金融的创新阶段。过去十几年来，随着我国互联网等技术的快速发展，以阿里巴巴、腾讯、百度、京东等为代表的一些互联网公司凭借科技优势创新金融模式，直接或间接地进入金融领域，创造了以“余额宝”“支付宝”为代表的一大批具有普惠特征、快捷高效的互联网金融产品和服务。传统金融机构无法满足的金融需求，正在被互联网金融日益颠覆，互联网金融重塑了支付、借贷和理财等金融模式。世界经济论坛 2020 年 8 月 22 日发布的《超越金融科技：细致评估金融服务的颠覆潜力》（*Beyond Fintech*：*A Prgamatic Assessment of Disruptive Potential in Financial Services*），其作者杰西（R. Jesse）指出，中国消费者对金融高科技产品表现出浓厚的兴趣，社会公众对互联网金融的接受程度已经位列世界第一。随着金融与科技深入融合，以蚂蚁金服为代表的金融科技公司开始介入金融领域，金融的生态体系也开始发生改变，以银行为代表的传统金融机构的垄断地位被打破，并遭受巨大冲击。世界经济论坛的报告指出，科技正在颠覆金融行业格局，传统金融机构面临被科技快速颠覆的威胁。近年来，在政策驱动和竞争倒逼机制的作用下，传统金融机构也开始转变传统的思维方式和业务模式，开始吸纳从互联网开始的一系列科技成果，运用金融科技赋能传统金融业务。

虽然互联网金融能够解决效率问题，但却无法解决“信用和信任问题”。近年来，互联网借贷平台（P2P）事件给互联网金融带来了不少负面影响，也使互联网金融被污名化。金融的本质是信用，信用是金融的基石，而传统金融、互联网金融并不能有效解决信用和信任问题。随着科技的发展，出现了能够破解“信用和信任问题”的区块链技术。区块链技术改变了传统金融的信任模式，为“信用和信任问题”的解决提供了新的有效方案，得到了金融行业的广泛认同。运用区块链技术不仅能够解决信任问题、降低信用风险，而且有利于金融效率的提升，并有助于提高监管力度、降低监管成本、及时控制风险，促进金融持续健康发展。因而，区块链技术成为科技金融创新的一个必备要素，甚至很多学者和业内人士往往将科技金融和区块链等同起来，比如世界经济论坛在2016年的一份报告中提到，区块链技术将从根本上改变全世界金融机构的运营方式。当前，区块链技术成为全世界范围内金融界十分关注的话题，未来区块链技术将对金融业的创新发展发挥重要作用。

近年来，世界主要国家纷纷把区块链技术的开发和应用作为国家的重要战略。在我国，区块链技术及应用也已经上升为国家战略。2019年10月24日，中共中央总书记习近平在中共中央政治局第十八次集体学习中强调，要把区块链作为核心技术自主创新的重要突破口，强化基础研究，提升原始创新能力，加快推动区块链技术和产业创新发展。①

作为一项新型互联网技术，区块链技术具有信息公开透明、分布式存储、防篡改、去中心化和共识机制，以及多方可验证等特点，与金融行业有着天然的从底层设计到制度逻辑的密切关系，成为区块链技术应用的最大领域，具有巨大的商用价值和广阔的应用前景。目前，区块链在金融业的直接应用场景占比30%以上，而其他70%的应用场景，例如政府治理、公共产品等，也都与金融有着直接或间接的联系。在我国，区块链技术正渗透到贸易融资、支付结算、供应链金融、征信等很多金融领域，也取得了良好效果，但也面临着各种挑战。由于区块链技术在技术成熟度、应用的法律和监管环境等多方面还存在着许多问题和障碍，区块链的应用价值还没有完全显现，因此大规模推广还存在一定困难和潜在风险。如何克服这些问题和障碍，是实现基于区块链技术应用的科技金融创新的关键。基于此，选择基于区块链技术应用的科技金融创新作为研究课题，其目的在于通过分析区块链技术在金融领域应用中存在的问题和障碍，提出切合实际的对策建议，以期在防控金融风险的前提下，有效推动区块链在金融领域的应用，实现基于区块链技术的科技金融创新发展。

---

① 习近平：《把区块链作为核心技术自主创新重要突破口》，人民网，http：//cpc. people. com. cn/shipin/n1/2019/1028/c243247 -31424889. html。

二、区块链的内涵、技术特征和类型

区块链（block chain）是信息技术领域的一个术语。区块链的“链”，包含“数据链”和“节点链”，数据链指用链式结构组织的区块数据，构成数据信息验证和追溯的链条；“节点链”指多个节点（参与者）通过网络连接在一起，实现信息共享。区块链的基本流程包括“上链”“共识”和“存储”，“上链”是指调用区块链的接口发送或收录交易，按链式数据结构将交易打包成一个“新区块”，即把链下的信息区块化；“共识”是指驱动参与者使用共识算法验证新区块里的交易，确保计算出一致的结果，即将其变为信任体；“存储”是指数据信息被广播到所有节点，每个节点都会存储一个完整的数据信息副本。“共识”和“存储”缺一不可，原因在于：交易不经过共识，则不能保证一致性和正确性；共识后不被多方存储，则数据可能丢失或被单方篡改。

分布式账本是通过去中心化方式建立的基于共识机制集体维护的数据库，是区块链技术的核心要素之一。每个参与主体都成为一个信息单元（节点），每个主体的数据信息在每个节点上记录并全网传播，实现信息共享。分布式账本记录的信息具有难以篡改的特征，任一节点失效，其余节点仍然能够保留。智能合约是区块链必备的嵌入式程序，也是区块链技术的核心要素之一。智能合约（smart contract）的概念是由尼克（Nick，1994）最早提出的。“合约”是指用代码确定下来的合同条款，具有“去中心化”和不可更改的特征，所有参与者都可以监督契约的内容及其执行；“智能”是指程序能够根据不同的情况做出不同的自动响应。

区块链的本质是一个分布式的共享数据库，存储于其中的数据或信息，具有“公开透明”“集体维护”“不可伪造”“全程留痕和可追溯”等特征。基于这些特征，区块链技术奠定了坚实的“信任”基础，创造了可靠的“合作”机制。在没有中心化或中介化机构的情况下，能实现价值在网络上的安全交易或转移。

根据记账方式和开放程度不同，区块链可分为公有链、联盟链和私有链。在公有链中所有节点都参与记账，账本完全公开，所有节点可自由加入或退出，公有链具有“去中心化”特征，是完全市场化的区块链结构；联盟链的参与者是特定的，由指定节点记账，账本完全或部分对所有参与者公开，联盟链具有弱中心化特征，为有限的市场化区块链结构；私有链由单一的中心化机构记账，账本数据或完全开放或受限开放，私有链仍然具有中心化特征，是管控程度最高的区块链结构。

在上述区块链类型中，联盟链是介于去中心化的公有链和传统中心化的私有链的折中方案，既可部分解决参与者之间的信息不对称，同时又便于管控，因而成为各国政府愿意接受的区块链金融落地模式，目前也成为我国金融领域应用的主要方向。例如，2016 年 12 月中国人民银行推出的基于区块链的数字票据交易平台，2018 年 4 月上线的中国建设银行区块链贸易金融平台都是基于联盟链的架构。

三、基于区块链技术实现科技金融创新的理论依据

区块链技术应用于金融领域能够缓解信息不对称问题，有效管控信用风险，并有助于降本增效，从而为基于区块链技术应用、实现科技金融创新提供了理论支撑。

（一）缓解信息不对称性问题，有效管控信用风险

区块链技术中的分布式账本是基于共识机制集体维护的数据库，每个参与主体（节点）记录的数据信息能够实现共享，而且任一节点失效，其余节点仍然能够保留这些原始数据，并难以篡改，按“少数服从多数”和共识原则，只有超过一半的节点取得共识才能够修改节点的数据。此外，与银行等金融机构不同，区块链分布式账本的交易信息全部公开；一方记账，多方核对，以保证信息的准确可靠；采用流水记账，记录的信息更加充分并有可追溯性。可见，信息公开透明、充分可靠、防篡改、可追溯的特征，使区块链技术能够极大地缓解信息不对称问题。区块链正是通过缓解交易双方的信息不对称来解决信任问题的。

从金融领域来看，区块链技术有助于缓解信息不对称，提高银行等金融机构的风控能力，降低信用或违约风险。在银行的信贷业务中，借助区块链技术能够重塑银行风险管控系统。在传统信贷审查流程中，借款者需要提供一系列的物证材料来进行“自证”，银行不仅审查成本高，而且信用风险也一直居高不下。而运用区块链技术则可以彻底改变这种业务模式。区块链的分散式账本会同步各业务参与方的业务资料，链上拥有这些源头资料后就可以自动完成交叉验证。通过变“自证”为“他证”的方式，银行不仅可以降低审查成本，还能够大大缓解信息不对称，降低信用风险。在银行体系内部，借助区块链技术打造的“跨链”的银行征信系统，链上的所有信用数据互联、互通，而且不可篡改和可追溯，也有利于金融机构更好地识别或规避信用风险。

供应链金融是区块链技术的一个重要应用领域，供应链金融因为交易信息在点对点的双主体之间建立，集中在核心企业或者电商平台，上下游企业、买方卖方能获取的信息非常有限，银行和金融机构获取的信息也局限于核心企业和电商平台的披露程度，因此往往会产生“信息孤岛”问题。区块链技术利用分布式账本、不可篡改等技术，链上主体的活动信息、交易信息、信用信息等一旦记录会自动同步储存在每一

个节点上，并且不能篡改，从而实现信息的多方共享，解决信息孤岛问题和信息不对称等问题，从而降低信用风险。

由于区块链技术能够缓解信息不对称问题，有效管控信用风险，因而其在金融领域应用具备天然优势。

（二）降本增效

降本增效是指降低交易成本、组织成本，提升金融业务效率。

信息不对称会产生“逆向选择”和“道德风险”的委托代理问题，而委托代理问题需要通过订立合约的方式予以解决。但是在实践中，由于信息不对称和有限理性等原因，任何合同和契约不可能预见所有复杂情况，遗漏和疏忽在所难免，即都是不完全契约。智能合约是区块链必备的嵌入式程序，它是一套以数字代码形式定义的合同条款，可概括为商业合约的代码化表达。智能合约能够使契约更为完善，对多场景下的复杂条件具有较好的适应性，在一定程度上能够降低不完全契约带来的交易成本。此外，智能合约在满足触发条件时的刚性执行力也会减少借贷契约事后的“受限执行”所造成的交易摩擦和交易成本。现阶段智能合约已被运用于旨在降低交易摩擦或交易成本的金融实践中，如支付清算、供应链金融、保险、征信等。

基于私有链架构的金融内控体系能够重塑和优化业务流程，从而能够削减金融企业管理层级，降低人员规模和内部开支，降低组织成本。

支付清算是区块链与银行业的重点融合领域之一，传统支付模式的记账流程长、效率低。使用区块链技术重构银行支付清算系统，区块链的分布式账本保证交易数据信息链上透明，共享交易数据流，能够缩短对账流程和节约对账时间，提高金融业务效率。尤其是在跨境支付领域，区块链技术有助于减免中介环节，提高跨境汇款的安全性，从而能够降低交易成本和交易风险。

四、区块链技术在金融领域的应用现状

自区块链上升为国家战略后，由于区块链技术与银行业具有天然耦合性，非常符合银行业的业务需求，因此受到金融机构与金融监管部门的广泛关注。2019 年以来，区块链金融迎来了政策风口，金融作为区块链技术的重点应用领域，我国银行等金融机构纷纷探索和研究区块链金融的落地场景，区块链技术成为科技金融创新的“标配”。2017 年安永第十一份中国上市银行年度分析报告中指出，41 家上市银行中，有 35 家在年报里提到了区块链技术的应用布局。当前我国银行等金融机构区块链的落地情况，如表 1 所示。

表1　　当前国内金融机构区块链落地情况

国内金融机构	区块链应用项目	国内金融机构	区块链应用项目
中国人民银行	区块链数字货币 基于区块链的数字票据交易平台 区块链注册开放平台（BROP）	招商银行	招行直联支付区块链平台 ABS 区块链平台
中国工商银行	基于区块链技术的金融产品交易平台	光大银行	区块链多中心可借 POS 电子签购单系统 基于区块链技术的泛资管阳光链
中国农业银行	涉农互联网电商融资产品“e链贷”	兴业银行	区块链防伪平台
中国银行	区块链电子钱包 App 与腾讯合作测试区块链技术	……	
中国建设银行	区块链银行保险平台 区块链+贸易金融 参与雄安区块链租房系统上线	蚂蚁金服	云库链
交通银行	区块链数字票据系统 区块链国内信用证开立和通知业务	……	
中国邮政储蓄银行	基于区块链的资产托管系统		

资料来源：中国人民银行官方网站。

由于区块链技术能够缓解信息不对称，解决信任问题，有助于解决银行风险控制等痛点问题，因而在银行领域的应用场景较多。目前区块链在银行业的应用主要集中在贸易融资、支付结算、票据、供应链金融等细分领域。

（一）贸易融资领域

目前，贸易金融市场体量庞大，贸易结算工具和融资方式呈现多样化特点。传统银行贸易融资业务的审查流程烦琐，资金流信息不透明，融资成本高，非全自动化操作导致整体效率低下。通过“区块链+物联网”技术打造多机构参与的贸易融资（联盟）平台，连接商户、金融机构、仓储管理、物流公司、监管机构，将交易过程中的货物、单据、物流、监管信息等数据流上链，让真实世界中的货物信息与电子单据信息进行相互验证，能够大大缓解贸易融资中存在的信息不对称问题，有效管控信用风险，降本增效，同时也能够更好地满足客户的贸易融资需求。

目前联盟链运用于贸易金融领域取得的落地成果最多。其中，中国建设银行、交通银行和浙商银行的链上交易规模均已突破千亿元大关。以中国建设银行为例，其

2019 年年报显示，该行通过区块链贸易金融平台部署国内信用证、福费廷、国际保理、再保理等业务，累计实现交易金额超过 4000 亿元。

（二）支付结算和票据领域

区块链技术在支付结算领域的应用主要体现在跨境支付与结算领域，通过“联盟链 + 分布式存储”的逻辑，各业务节点可以同步进行业务处理，省去第三方中介环节，使支付 7 × 24 小时全天候进行，支付更实时，减少支付准备金等资金占用和跨境支付费。在票据登记流转领域，建立联盟行间基于区块链的票据数据库和交易实时清算系统，缩短查询、查复周期，提高票据流动性，并降低中介成本。对开展这项业务的银行而言，金融服务效率得到极大提升。

（三）供应链金融领域

供应链金融是一种集物流、商业和金融为一体的管理行为和过程，供应链金融是解决现金流断裂的重要手段。在供应链金融领域，建立统一的区块链网络，把买方、卖方、物流、金融机构等各方都接进来，将供应链的信息流、商流、物流和资金流数据与融资数据上链，提高数据可信度，在链上交易流转，解决信息割裂问题。既能保证信息的真实性和可追溯性，又有助于优化现有复杂流程，实现所有环节智能合约化，显著降低成本，提高效率，满足业务自动触发、实时结算等需求。一些银行运用区块链技术优化供应链金融服务，通过与核心企业、政府部门相关的系统进行对接，采用线上线下相结合的方式，不仅缓解了信息不对称问题，降低了信用风险，也为链条上的客户提供了更加方便快捷的供应链融资服务。

（四）个人与中小企业贷款和征信领域

在个人与中小企业贷款领域，传统银行信贷业务存在着办理流程复杂、信息不对称、执行高成本、低效率等问题，区块链技术有助于解决中小企业在向银行贷款过程中的信息不对称、缺乏抵押物和高成本低效率等问题。通过引入智能合约，可以连接借款人、放贷人、借款人身份认证机构、信用评级机构、担保机构，把信贷体系中的操作流程用智能合约方式实现，可以避免恶意行为对合约正常执行的干扰，有效管控信用风险，而且实现降本增效。在征信领域，基于区块链技术改进征信信用算法，提升对异常交易的识别效率，从而实现对信用风险的有效管控。

五、区块链在金融领域应用的局限性和存在的问题

区块链的特点决定了其在科技金融创新中具有巨大的潜力和应用空间，近年来也出现了一些效果较好的落地场景，但现阶段区块链技术应用还处于发展初期，整体上在金融领域应用还处于局部的试点阶段，真正经过实践验证的应用案例并不多，大规模落地还需要相当长的时间。究其原因，一方面是区块链技术本身的问题，比如技术层面的可扩展性不足和效率低下、“不可能三角”，智能合约设计不完善等问题；另一方面是区块链金融相关法律和监管缺失、技术标准体系不完备等也成为现实障碍。目前，区块链技术在金融领域的实际应用还面临诸多挑战，如何解决区块链技术在金融领域应用存在的问题和障碍是进一步推进区块链金融落地，实现基于区块链技术应用的科技金融创新的关键所在。

（一）可扩展性和数据处理效率较低

区块链的可扩展性是区块链领域的重要研究问题。在区块链系统中，所有交易记录都需要同步到整个网络的全部节点，使区块链系统的数据处理效率较低，而且由于区块链的所有节点都需要存储系统全部的历史交易记录，这对节点存储能力提出了更高的要求，也使区块链面临可扩展性的问题。不仅如此，区块链因“分布式多方协作”，在参与交易的节点数量不断增加的情况下，完成数据验证并同步的开销则会进一步增加。以比特币区块链应用为例，可以通过增大系统的区块大小或者缩短出块时间来提高系统的吞吐率。然而，这样的扩展方案是有上限的，其上限受到网络延迟等因素的制约，可扩展性较差。目前，主流的区块链系统中，能够做到无限扩展的几乎没有。

（二）去中心化、安全性、高效率三项目标难以兼顾

目前，区块链技术存在“不可能三角”问题，即难以同时实现去中心化、安全性、高效率三项目标。去中心化程度可用权利相同的记账节点的数量衡量，记账节点数量越多，去中心化程度越强；安全性则主要体现在身份验证、访问控制、加密体系和隐私、密码算法、匿名性、抗攻击能力六个方面；效率主要体现在数据处理的能力上，高效的区块链系统意味着高数据处理能力和低延迟。偏重其中两个目标，则必须在第三个目标上妥协。以比特币区块链应用为例，要在防篡改和可追溯基础上实现去中心化和安全目标，需要采用冗余的数据分布式存储机制、低效的全链操作和耗费计算资源的工作量证明（POW）共识机制，导致数据处理效率低下；再以联盟链技术

为例，由于联盟链的记账节点较少，能够实现较高的数据吞吐能力或数据处理能力。但是，要确保安全和效率，则在一定程度上背离了区块链去中心化的初衷，以牺牲“去中心化”为代价，难以形成市场化程度较高的区块链系统。

（三）跨链交互的局限

从理论上讲，跨链技术的出现能够打破区块链之间的信息孤岛现象，更好地解决信息的不对称问题，但当前跨链技术仍处在初步发展阶段，区块链技术各自为政，而且目前缺乏统一成熟的标准规范，不同类型的区块链系统由于编程语言、数据字典、智能合约等不一致，很难有一个区块链系统被各方一致认可，实现互通存在较大困难。此外，跨链交互的局限也是可扩展性问题衍生的，由于可扩展性的问题，很难要求一个区块链系统去承载所有交易。

（四）智能合约不完善

在现实生活中，经典理论假定的完全契约并不存在，马斯金等（Maskin E. et al.，1999）认为各契约方只能做到有限理性，无法预见所有或然状态。从理论上说，理想智能合约应该是“完全契约”，否则区块链的治理功效难以发挥，但智能合约本质上是将传统合约中的商业语言转换成代码，难以穷尽所有细分的可能结果，基于代码的智能合约设计仍不完美，仍然无法成为“完全契约”，这必然会制约智能合约在实践中的应用。虽然智能合约采用代码编写，但是以代码制定的规则仍然会受到法律限制，应与现行法律政策保持一致，否则其效力也难以发挥。除此之外，目前智能合约的设计存在很多局限性，也影响了区块链技术和智能合约的适用性，具体体现在以下几方面。

1. 智能合约的预言机设计尚不成熟

智能合约依靠预言机提供的链下信息触发。预言机是一个为区块链系统提供链下信息的平台，主要依赖两种路径发挥作用：一是依赖以媒体为代表的信息源，但并不能保证信息完全真实可靠，也极大提高了中心化程度，与区块链的去中心化理念相悖；二是将链外信息进行分布式处理后，在经济激励下依靠集体决策记录到链上，但并不能保证决策的科学合理。可见，现阶段预言机设计尚不成熟，存在很大的局限性，依靠预言机机制，难以保证智能合约有效治理。

2. 智能合约运行过于刚性，难以撤销、自行修正和退出

作为区块链的核心技术，智能合约完全基于预设条件及触发机制自动履行，一旦记入，不可篡改、不可撤销设定的规则，如“满足条件自动触发”“到期自动执行”，运行过于刚性。现实商业活动中通常会不断修订或签署补充协议，以应对复杂多变的

市场环境，而智能合约的刚性显然无法适应复杂多变的市场环境。此外，区块链的技术中性决定了智能合约没有价值判断功能，在对社会福利造成损害或违法违规的情况下无法自行修正和退出。

3. 智能合约无法保证链上债务和义务的履行

链上债务或义务的履行取决于债务人的履约能力。当履约条件触发时，只有拥有足量的履约金债务方才能履约。相比之下，链下债务履约对履约金的要求比较灵活，基于抵押、担保和声誉机制等原因，债权人会放松履约金的要求，而链上则缺乏这些柔性机制，其数字账户的履约金会比链下模式更高，显然履约金的刚性要求限制了交易双方在链上履约，而是转为更为灵活的链下履约。但是，链上规则和链下规则（法律政策体系）可能处于割裂状态，智能合约对链下履约并没有约束力，并不能保证链上债务和义务的履行，从而降低了智能合约的实施效果。智能合约坚持“代码即法律”的原则，但智能合约并不等同于法律意义的判决或合同效力，其引发的法律纠纷，现实生活中也只能采取诉讼解决。2018 年 6 月 28 日，浙江杭州互联网法院的“信息网络传播权”纠纷案的判决，是首个对“区块链技术”存证的电子数据证据法律效力予以确认的案例，但其中的法律效力在于确保证据的“不可篡改性”和“完整性”，而不在其逻辑性，区块链技术当前很难作为电子证据和电子合同在司法实践中予以使用。

4. 各国法律政策的差异限制了智能合约的适用空间

区块链技术具有全球化的特征，而各国法律政策的差异限制了智能合约的适用空间。智能合约难以保证链下义务的履行，并且链下治理依据哪个国家和地区的法律政策也存在潜在冲突，法律适用的属人管辖和属地管辖也可能会存在冲突。智能合约标准统一的运行规制客观上要求更加深入的全球化合作，与现阶段全球化困境存在潜在矛盾。

（五）区块链金融相关法律和监管缺失

区块链技术创立了一个代码自治的数字化世界，但是去中心化的区块链技术应用同样需要满足现行金融监管框架的要求。目前基本上没有针对性的法律可依，没有对应的职能部门负责监管，特别是没有适当的技术手段能够对去中心化的区块链应用系统进行穿透式监管。当前对区块链监管办法也仍然沿用互联网的监管逻辑，互联网的监管重点对象是本辖区内的互联网服务商。但区块链不同于互联网，互联网存在特定国家管辖范围内的中心控制点，政府可通过监管运营商进行有效管制。虽然用于互联网的监管办法对监管联盟链有效，但并不适用于公有链，因为公有链不存在中心控制点。随着区块链在金融领域的不断应用，如果再没有专门的法律、法规对这个领域有针对性地监管，就会重现前几年 P2P 和众筹的乱象。

（六）区块链技术体系尚无行业标准

区块链技术运行强调去中心化，导致其应用推广往往缺少中心机构牵头，即便在全球，尚无可通用的技术指引或行业标准，体现其发展过于独立和分散。缺乏统一成熟的标准规范，则很难有一个区块链系统被各方一致认可，实现互联互通存在较大困难。

六、基于区块链技术应用的科技金融创新对策建议

针对区块链在金融领域应用所存在的现实问题和障碍，本文提出应加大区块链金融系统研发、链上链下协同，积极推广联盟链应用，提高智能合约在实践中的适用性，出台相关法律法规、加强和完善区块链金融监管，制定出台区块链金融行业标准等对策建议，以期在防控金融风险的前提下，有效推动区块链在金融领域的应用，实现基于区块链技术的科技金融创新发展。

（一）加大区块链金融系统研发、链上链下协同

目前，区块链技术还处在发展阶段，在大规模网络节点下还难以满足高扩展、高效率的需求，阻碍了区块链技术在金融系统大规模商用。针对可扩展性和数据处理效率较低的问题，除了进一步研究开发区块链技术，攻关关键技术以外，目前来看，较为现实的办法是链上链下协同。因为区块链链上容量毕竟是有限的，通过将部分链上交易移出到链下，建立链下交易系统，减少链上压力，可以提高区块链的扩展性和处理效率。如果某些交易和区块链并不直接相关，或其业务流程无须参与共识，所生成的数据也不写入节点存储，尽可能采用链下交易方式。而在区块链链上应聚焦需要多方协作、达成共识、传递信任、具有全局性的交易。事实上，几乎所有的区块链系统，尤其是与实体经济、现实世界结合的区块链应用，都需要链上链下协同，用“混合架构”来实现。

（二）积极推广联盟链应用

由于联盟链的节点较少，能够实现较高的数据吞吐规模和处理效率，而且易于监管，符合安全性的要求，出于防控金融风险的需要，各国政府在积极推广联盟链。解决“不可能三角”问题的现实举措之一就是推广联盟链应用，目前应该成为我国金融领域应用的主要方向。

当前，虽然联盟区块链有一定应用，但距离取代原有金融模式仍有很大距离。究其原因，很大程度上是产业中的既得利益者不愿参与，因为区块链所代表的分布式商业模式将减少寡头和中介的既得利益。可以考虑政府牵头平衡各方利益，扶持成立产业联盟，推动产业改革。

（三）提高智能合约的适用性

智能合约适用性直接影响区块链技术在金融领域的应用落地。解决智能合约适用性所存在的问题，除了需要进一步优化区块链智能合约的设计、增加其适应性，弥补其预言机设计、运行过于刚性等缺陷以外，提高智能合约适用性的现实举措还包括：

第一，推动相关立法，增加法律政策对智能合约约束力。在现行法律制度框架下，编写代码、制定规则，智能合约应与现行法律政策保持一致，以增加其适用性，否则其效力也难以发挥。目前链上规则和链下法律政策体系仍处于相对割裂状态，需要弥合依靠代码驱动的区块链智能合约和现有法律政策体系的鸿沟，使链上规则和链下法律政策体系、链上金融行为与链下金融权利义务协调一致，保证智能合约对链下履约行为的约束力，从而保证链上债务和义务的履行。

第二，发展新基建设施。预言机效力的发挥是以信息完全真实可靠为前提的，为此需要通过不断发展物联网、云计算、大数据、5G 等新基建设施为智能合约触发提供客观真实的信息源，以发挥其应用效果。

（四）出台相关法律、加强和完善区块链金融监管

针对区块链金融相关法律和监管缺失问题，建议分几个层面开展工作：其一，出台切实可行的针对区块链金融应用的专用法，现有的金融法律法规，已无法适用于以区块链为基础的分布式商业上的金融行为，应从现有国情出发，协调各项政策法规与区块链之间的矛盾。其二，确定监管部门和监管方式，根据区块链金融应用场景配套监管体系及备案制度，设置准入门槛、运行规则。其三，借鉴国外金融创新“沙箱监管”孵化制度，在风险可控的前提下，大力推进金融创新和实践，在试错和迭代中完善区块链治理框架，不断丰富场景应用，成熟一个推广一个。如英国金融行为监管局（FCA）和新加坡监管局，通过原则性监管和制定风险红线鼓励创新，在特定区域降低准入门槛，实行“包容性监管”和“分级监管”，给予创新业务和新技术一定的生长土壤。其四，推进区块链金融应用需要完善的监管治理框架作为支撑和约束，监管层应与时俱进，创新区块链金融监管体系，引入和研发监管科技，充分利用包括区块链在内的金融科技改进面向区块链技术的各类监管手段与技术，提高监管的能力和水平，务实推进区块链金融应用落地。

（五）制定出台区块链金融行业标准

缺乏标准化机制，则很难有一个区块链系统被各方一致认可，实现互联互通存在较大困难，这成为区块链技术未能在金融领域广泛应用，实现金融行业互联互通、信息共享和业务协作的一个主要阻碍因素。为此，需要探讨和制定行业标准，促进行业规范发展。目前，中国金融行业已经走在全世界前列，据报道，2020 年 2 月 5 日，中国人民银行发布了金融行业标准《金融分布式账本技术安全规范》（JR/T 0184—2020），这被行业认为是我国金融行业的首个区块链标准，这不仅提出了构建金融分布式账本系统的硬件和软件安全要求，也表明了区块链金融将逐渐规范和体系化。

参考文献

［1］吴桐、李家骐：《区块链和金融的融合发展研究》，载《金融监管研究》2018 年第 12 期，第 98 – 108 页。

［2］周梅丽、顾陈杰、黎敏：《区块链金融法律问题研究》，载《金融纵横》2017 年第 8 期，第 69 – 76 页。

［3］王洁、魏生、戴科冕：《基于区块链的科技金融大数据开放共享体系研究》，载《现代计算机》2018 年第 22 期，第 52 – 58 页。

［4］郎希：《区块链技术在金融行业的应用场景》，载《现代营销》2018 年第 8 期。

［5］陈一稀：《区块链技术的“不可能三角”及需要注意的问题研究》，载《浙江金融》2016 年第 2 期，第 181 页。

［6］潘晨、刘志强、刘振、龙宇：《区块链可扩展性研究：问题与方法》，载《计算机研究与发展》2018 年第 10 期，第 2099 – 2110 页。

［7］高枫：《区块链智能合约漏洞修复困难》，载《计算机与网络》2018 年第 12 期，第 50 – 51 页。

［8］中国工商银行金融科技研究院：《区块链金融应用发展白皮书》，2020 年，第 45 – 56 页。

［9］刘哲、郑子彬、宋苏、张兆田：《区块链技术及应用》，载《中国科学基金》2020 年第 1 期，第 29 – 35 页。

［10］杨瑞龙、冯健：《交易成本、法律传统与金融制度边界的决定》，载《中国工业经济》2003 年第 11 期，第 52 – 57 页。

［11］巴曙松、左伟、朱元倩：《金融网络及传染对金融稳定的影响》，载《财经

问题研究》2013 年第 2 期，第 3 - 11 页。

[12] Lawrence Lessig. Code, and other Laws of Cyberspace: Basic Books, 1999.

[13] Urquhart A. The inefficiency of Bitcoin [J]. Economics Letters, 2016 (148): 80 - 82.

[14] Tasca P., Thanabalasingham T., Tessone C. J. Ontology of elockchain technologies. principles of identification and classification [J]. Social Science Electronic Publishing, 2017.

[15] Dyhrberg A. H., Foley S., Svec J. How investible is Bitcoin? Analyzing the liquidity and transactioncosts of Bitcoin markets [J]. Applied Economics, 2016 (19).

[16] Bouri E., Jalkh N., Molnár, Peter, et al. Bitcoin for energy commodities before andafter the December 2013 crash: diversifier, hedge or safe haven [J]. Applied Economics, 2017 (03): 5063 - 5073.

[17] Allen F., Gale D. Comparing financial systems [M]. Cambridge, MA: MIT Press, 2001.

[18] Buterin V. Anext-generation smart contract and decentralized application platform [R]. Working Paper, 2014.

[19] Zheng Z., Xie S., Dai H., et al. An overview of blockchain technology: Architecture, consensus, and future trends [C]. 2017 IEEE International Congress on Big Data (Big Data Congress) IEEE, 2017.

[20] Maskin E., Tirole J. 1999, "Unforeseen Contingencies and Incomplete Contracts", Review of Economic Studies 66.

[21] [1] Nick Szabo. "Smart Contractand Incomplete Contracts", Chamber of Digital Commerce, 1994 (06): 63 - 75.

Research on Fintech Innovation Based on Block Chain Technology

Zhang Dechang

Abstract: In recent years, the development and application of block chain technology has been regarded as an important national strategy by major countries in the world. In China, block chain technology and application have also risen to national strategy. Because of the natural coupling between block chain technology and financial industry, it can alleviate information asymmetry, effectively control credit risk, reduce cost and increase efficiency, so the financial field has become the key area of block chain technology application. Block chain technology has become an essential element of fintech innovation. In recent years, the application of block chain technology in the financial field and fintech innovation have appeared some good landing scenes, but the whole is still in the partial pilot stage, and there are not many application cases verified by practice. The reason is, on the one hand, the block chain technology itself is not mature, there are insufficient scalability and inefficiency in the technical level, "impossible triangle", intelligent contract design is not perfect and so on; on the other hand, block chain finance related laws and regulations are missing, technical standard system is not complete and so on has become a practical obstacle. Therefore, this paper proposes to increase the research and development of block chain financial system, cooperate under chain, actively promote the application of alliance chain, improve the applicability of intelligent contract in practice, introduce relevant legislation, strengthen and perfect block chain financial supervision, and formulate countermeasures and suggestions for block chain financial industry standards.

Key words: Block Chain technology Fintech Fintech innovation

数字普惠金融使用状况城乡差异研究

——基于辽宁省多地区田野调查数据

林　春　郑舒迟　杨书文　秦　音　满　雪*

摘　要： 党中央、国务院高度重视发展普惠金融。普惠金融发展已成为当下的热点问题，已有研究着重于普惠金融发展的整体状况，忽视了由于区域以及个体特征不同导致的发展差异。本文尝试基于居民数字普惠金融使用状况这个全新视角，通过在建立科学规范的评价指标体系的基础上结合一手的田野调查数据对这种差异展开研究。分析发现：第一，辽宁省居民数字普惠金融使用状况具备使用意愿高、使用人群年轻、使用业务基础等特征。第二，辽宁省居民数字普惠金融使用状况存在明显城乡差异，城镇居民使用程度远高于农村居民，但学历以及收入的提升能够有效缩小这种差距。第三，在个人特征视角下，青年人群使用程度高于中老年人群；高收入人群使用程度高于低收入人群；高学历人群使用程度高于低学历人群；值得注意的是，年龄以及学历组组间差距较大，而收入组组间差距较小。第四，通过回归分析，本文发现数字普惠金融促进了城乡居民收入与消费的增长，其对消费的增长效应大于其对收入的增长效应，而在城乡差异方面，数字普惠金融对农村居民收入与消费增长的促进作用要高于其对城镇居民的促进作用。最后，本文根据以上主要结论提出了具有针对性的政策建议。

关键词： 数字普惠金融　居民使用状况　城乡差异　指标体系　熵权法　层次分析法

---

* 作者简介：林春（1985～），辽宁黑山人，博士，辽宁大学经济学院副教授，硕士生导师，研究方向为金融发展理论与政策；郑舒迟（1996～），辽宁本溪人，辽宁大学经济学院硕士生，研究方向为金融发展理论与政策；杨书文（1996～），辽宁丹东人，辽宁大学经济学院硕士生，研究方向为宏观经济政策；秦音（1995～），辽宁葫芦岛人，辽宁大学公共管理学院硕士研究生，研究方向为公共政策分析；满雪（1997～），辽宁沈阳人，辽宁大学公共管理学院硕士研究生，研究方向为行政管理。

一、引　　言

党中央、国务院高度重视发展普惠金融。2015 年 12 月 31 日，国务院为推动建立与全面建成小康社会相适应的普惠金融服务和保障体系，特印发《推进普惠金融发展规划（2016～2020 年）》。自党和政府明确提出发展普惠金融以来，我国人均持有银行账户数量、银行网点密度等基础金融服务水平已达到国际中上游水平，但普惠金融发展仍面临诸多问题与挑战。因此，党的十九大明确提出要坚持发展普惠金融。而数字普惠金融作为普惠金融体系的重要组成部分与重点发展方向，从 2016 年 9 月 G20 峰会上习近平总书记提出发展数字普惠金融至今，已建设四年有余，其发展状况已经成为全民热议的焦点问题。

数字普惠金融就是通过先进的互联网技术，借助数据通信、云计算等新兴技术在金融服务行业的应用，有效提高金融服务可获得性的一种数字化途径。其目的与广义普惠金融一致，旨在以可负担的成本为有金融服务需求的社会各阶层和群体提供适当、有效的金融服务。目前，数字普惠金融已发展成集支付、信贷、保险、互联网投资等多业务为一体的综合金融服务体系。作为传统金融方式的有益补充，数字普惠金融方式通过数字技术与金融行业的融合降低了基础设施投入的费用，以其广泛覆盖性的特征打破了普惠金融发展的地域性限制，有效降低了因信息不对称带来的经营风险和信用风险，在提升用户的金融体验、推进普惠金融发展的过程中发挥着重要作用，体现了普惠金融的应有之义。全面整体地了解居民数字金融发展的使用状况有助于推动普惠金融的进一步发展。

二、文献综述

随着数字普惠金融建设的起步，学术界自 2016 年开始关注这一问题，且研究成果呈逐年递增的趋势。目前，学术界关于数字普惠金融的研究主要集中在四个方面：一是围绕数字普惠金融的发展问题（邱兆祥、向晓建，2018；陆岷峰等，2019）、实现路径（董玉峰、赵晓明，2018；胡滨、程雪军，2020）与国际经验比较（尹应凯、侯蕤，2017；宗民，2019）进行了系统性研究。其中，重点探讨了数字普惠金融的风险防控与监管问题（何宏庆，2019；黄益平，陶坤玉，2019；吴善东，2019）。二是将数字普惠金融作为自变量，实证检验了数字普惠金融在经济发展（唐文进等，2019；张勋等，2019；贺健、张红梅，2020；钱海章等，2020）、企业融资（梁榜、张建华，2018；吴庆田、王倩，2020；喻平、豆俊霞，2020）、居民消费（易行健、周利，2018；吕雁琴、赵斌，2019；江红莉、蒋鹏程，2020；蒋竹媛，2020）、精准扶贫（龚沁宜、成学真，2018；黄倩等，2019；刘锦怡、刘纯阳，2020；杨虹等，2021）等方面的实践效果与作用机制，这些领域在数字普惠金融研究中目前居于主流地位。三是将数字普惠金融作为因变量，探讨影响其发展水平或效果的因素。其中，吴金旺等（2018）基于空间面板模型的实证分析，发现“互联网＋”、经济发展水平以及网络消费水平对数字普惠金融的发展具有显著的正向促进作用；蒋庆正等（2019）利用Cov层次分析和正交偏向最小二乘法回归模型，研究发现农村地区数字普惠金融发展与收入水平、城镇化水平、教育水平呈正相关关系；郭妍等（2020）基于问卷调查的实证检验，指出相比于硬件设备、网络覆盖度等条件，农村居民的学历和金融知识等因素对农村数字普惠金融的长远发展更有意义。四是关于数字普惠金融的测度研究。其中，具有一定代表性的是2016年北京大学互联网金融研究中心发布的《北京大学数字普惠金融指数（2011－2015年）》，从互联网金融服务的覆盖广度、使用深度和数字支持服务三个维度24个指标来构建指标体系，为该领域的研究提供了研究思路以及权威数据支持。在此基础上，郭峰等学者（2020）在传统普惠金融指标基础上，从数字金融覆盖广度、数字金融使用深度和普惠金融数字化程度等三个维度33个具体指标进一步完善了数字普惠金融指标体系。葛和平与朱卉雯（2018）、张晖（2020）分别运用上述指标体系，探讨了中国数字普惠金融发展的整体趋势和县域数字金融发展特征。此外，齐红倩和李志创（2019）构建Probit模型，测度并评价中国普惠金融发展程度及其对不同目标群体的服务水平。张德钢和朱旭森（2020）采用Dagum基尼系数、核密度非参数估计和收敛模型揭示九大城市群数字普惠金融发展的区域差异、分布动态及收敛机制。

通过上述对已有研究文献的梳理可以看出，首先，已有研究并未区分普惠金融在城市与乡村的不同发展状态。事实上，党的十九大报告明确指出目前我国经济发展仍存在不平衡不充分的问题，城乡呈二元结构化发展。城市与乡村的发展差异势必会导致数字普惠金融发展的差异。其次，目前多数研究还是依照以往对广义普惠金融研究思路与评价方式进行的，没有将数字普惠金融数字化、信息化、创新性等特点考虑在内，因此难以准确地反映出当下数字普惠金融的真实发展状况。最后，数字普惠金融是一个多维概念，已有文献往往只是针对其中一个或多个层面进行研究，难以全面反映出数字普惠金融的发展状况。

因此，本文在结合已有文献与专家意见的基础之上建立居民数字普惠金融使用状况评价指标体系，并使用源自辽宁省多个地区的田野调查数据，对辽宁省居民数字普惠金融使用状况进行科学规范、客观全面的评测，并对其中出现的城乡差异进行着重分析，以期为辽宁省进一步推进数字普惠金融发展助力，同时使社会各界对辽宁省数字金融发展状况有较为清楚直观的认识。

三、调查设计与方法

（一）调查地点与对象

调查地点：辽宁省沈阳市和平区北市场街道皇寺路社区、辽宁省本溪市平山区南地街道南地社区、辽宁省葫芦岛市南票新区龙腾街道康民社区、辽宁省丹东市振兴区浪头镇顺天村、辽宁省本溪市溪湖区火连寨回族满族镇营子新村。

调查对象：辽宁省沈阳市和平区北市场街道皇寺路社区、辽宁省本溪市平山区南地街道南地社区和辽宁省葫芦岛市南票新区龙腾街道康民社区居民与辽宁省丹东市振兴区浪头镇顺天村村民和辽宁省本溪市溪湖区火连寨回族满族镇营子新村村民。

（二）调查方法

为了对辽宁省居民数字普惠金融使用状况进行全面、深入、科学和客观的评测，我们采用线下田野调查的方法，走访考察多个社区乡村收集有关普惠金融的一手数据，为建立数字普惠金融指标体系做充分准备。为保证本次数据的顺利收集，我们寻求了受访地区的居委会和村委会的帮助，与辽宁省沈阳市和平区北市场街道皇寺路社区、辽宁省本溪市平山区南地街道南地社区、辽宁省葫芦岛市南票新区龙腾街道康民社区、辽宁省本溪市溪湖区火连寨回族满族镇营子新村展开密切合作。

（三）调查内容与基本过程

调查内容：此次问卷主要通过三个方向来衡量居民数字普惠金融使用状况，分别是：居民对数字普惠金融的接触程度、居民对数字普惠金融的使用深度以及居民使用数字普惠金融的便利化程度。

调查基本过程：调查小组依据相关数字普惠金融指数文献作为参考，针对受调查地的实际情况对数字普惠金融指标进行重新编制，根据编制的新指标来设计问卷。

调查内容主要依据已编制的居民数字普惠金融使用状况指标体系，包括三类指标。其中：接触程度主要通过数字金融平台的账号拥有量、日常支付状况和货币基金使用情况等；居民对数字普惠金融的使用深度主要通过信贷、保险和投资业务的使用状况来衡量；便利化程度由信用免押、信贷优惠和信用支付来体现。问卷一共涉及24个问题，囊括选择题和问答题两种题型，科学而有效地反映了被调查的区域数字普惠金融的发展状况。此外，考虑到其中一些问题需要使用相关应用软件查询，因此团队做了调查问卷操作指南并有针对性地对受访者的问卷填写进行指导。

调查结果收集与整理：团队成员在三天内走访了200多户家庭，在线下分发了总计721份问卷，最后回收到的有效问卷为689份。对问卷与实地记录进行数据分类整理与统计汇总，并根据编制的指标体系计算结果，逐一分析。

四、辽宁省数字普惠金融发展基本状况

（一）数字普惠金融使用意愿及影响因素

图1为根据本次田野调查所得数据绘制的居民数字普惠金融使用意愿状况饼状图。如图1所示，愿意使用数字普惠金融服务的居民占总调查人数的90.42%，这意味着辽宁省绝大多数居民都有使用数字普惠金融服务的意愿，但仍有将近一成的居民不愿意使用数字普惠金融服务。

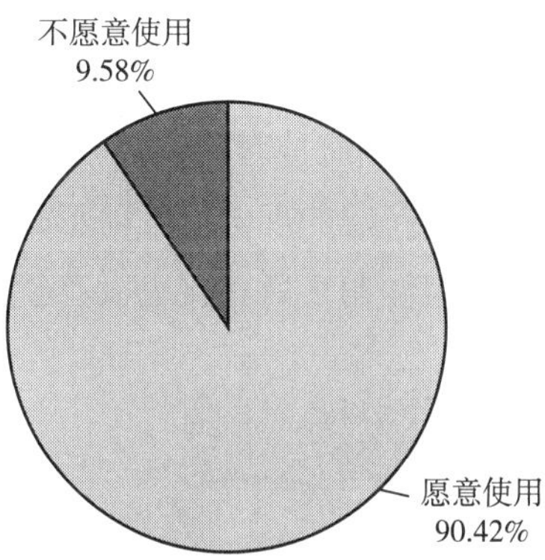

图1　辽宁省居民数字普惠金融服务使用意愿

图2为影响居民数字普惠金融服务使用意愿的主要因素。如图2所示，对居民数字普惠金融服务使用意愿影响最大的因素是不会使用智能手机和电脑，有82.76%的受访者因此困扰而不愿意使用数字普惠金融服务。而缺乏对数字普惠金融的了解是影响居民数字普惠金融服务使用意愿的第二大因素，如图2所示，67.24%的受访者因为不了解数字普惠金融服务，从而不愿意使用这项服务。

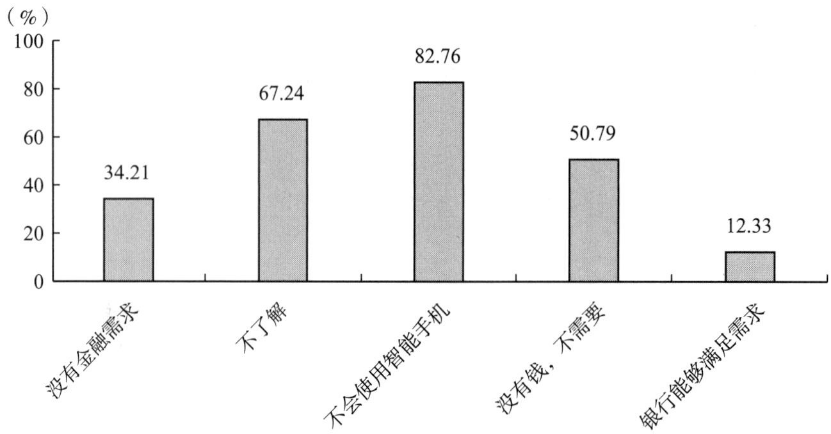

图 2　影响居民数字普惠金融服务使用意愿的因素

（二）数字普惠金融覆盖程度

图 3 为根据本次田野调查所得数据绘制的居民数字普惠金融账号拥有量饼状图。如图 3 所示，辽宁省居民拥有 2 个数字普惠金融账号的人数占比最大，为 30.07%。93.63% 的受访者拥有 1 个及以上的数字普惠金融账号。有趣的是，实际拥有数字普惠金融账号的人数比例 93.63% 要多于愿意使用数字普惠金融服务的人数比例 90.42%。为什么会出现这种现象呢？通过对没有使用意愿人群的进一步访谈，得知多数数字普惠金融账号注册时会有一定的现金或其他形式的奖励，因此吸引了一部分没有使用意愿的居民进行注册，但注册之后就再也没有使用过。

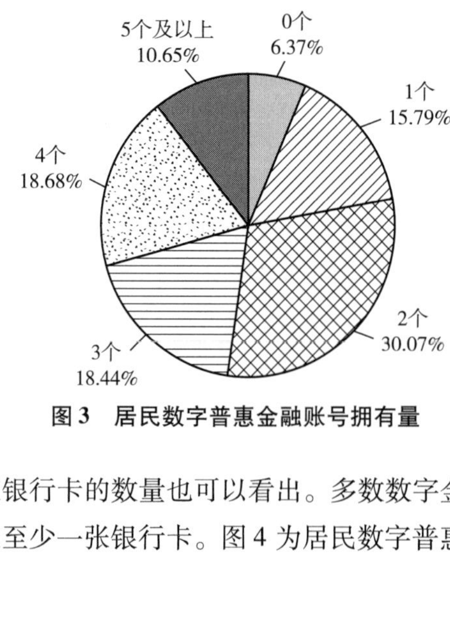

图 3　居民数字普惠金融账号拥有量

这一点从账号绑定银行卡的数量也可以看出。多数数字金融平台规定，若想使用全部功能就必须要绑定至少一张银行卡。图 4 为居民数字普惠金融账号银行卡绑定状况。如图 4 所示，在拥有数字普惠金融账号的居民中，并不是所有人都在其账户上绑定了银行卡。只有 91.03% 的账户上绑定了银行卡。

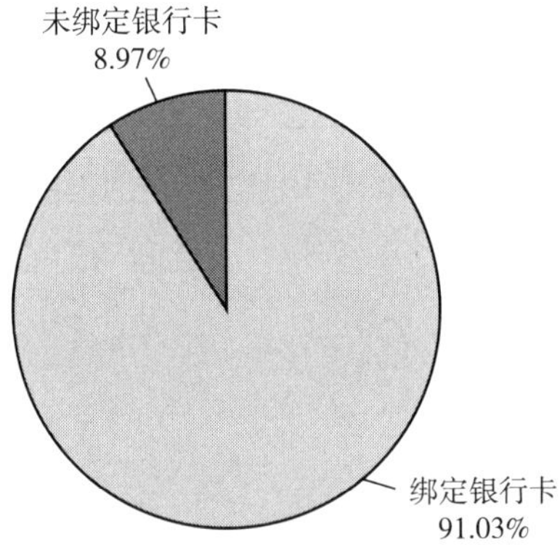

图 4　居民数字普惠金融账号银行卡绑定状况

（三）数字普惠金融主要受众

图 5 为不同年龄段数字普惠金融账号拥有状况。可以看出，年轻人是数字普惠金融服务的使用主力，在 28 ~ 37 岁这个年龄段的受访人群中，全部人都拥有至少一个数字普惠金融账号。同时，老年人口数字普惠金融账号拥有人数比例较少，与年轻人群差距十分明显。在 57 岁以上这个年龄段，仅有 9.14% 的受访者拥有数字普惠金融账号，且多为“睡眠”账号（注册过就未曾使用）。

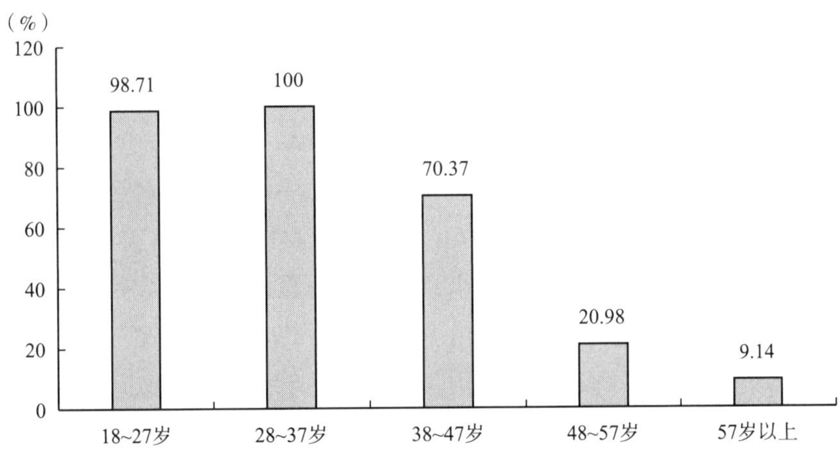

图 5　不同年龄段数字普惠金融账号拥有状况

（四）数字普惠金融主要服务

图6为数字普惠金融主要服务使用状况。数字普惠金融主要服务包括支付业务、货币基金业务、保险业务、投资业务、贷款业务以及信用业务。如图6所示，支付业务是使用比例最高的数字普惠金融业务，有95.03%的受访者使用过支付业务，远高于位于第二的货币基金业务45.37%的使用比例。相比之下，保险业务与贷款业务使用人数比例较低，仅为10.95%和12.47%。这意味着目前多数居民对数字普惠金融的使用仍集中在入门且较为基础的业务上。

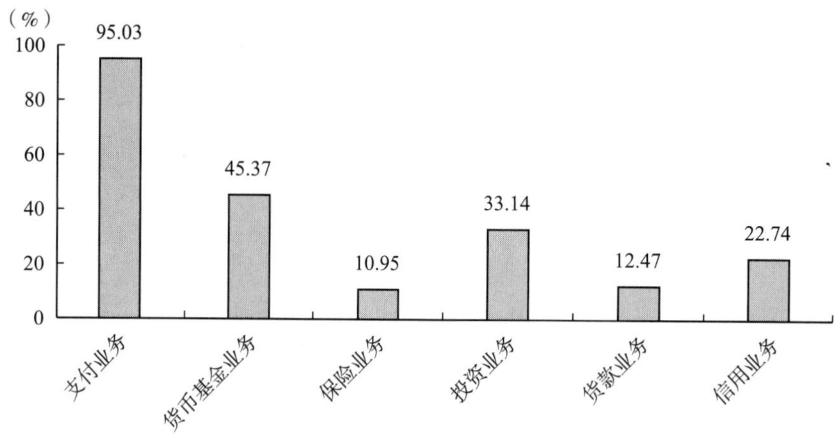

图6　居民数字普惠金融主要服务使用状况

五、居民数字普惠金融使用状况指标体系与指数合成方法

数字普惠金融就是通过先进的互联网技术，借助数据通信、云计算等新兴技术在金融服务行业的应用，有效提高金融服务可获得性的一种数字化途径。其目的与广义普惠金融一致，旨在以可负担的成本为有金融服务需求的社会各阶层和群体提供适当、有效的金融服务。而对居民数字普惠金融使用状况的掌握可以使社会各界对当下数字普惠金融发展状况进行全面直观的了解，有助于进一步推进数字普惠金融健康有序发展。目前针对居民数字普惠金融使用状况的研究较少，且多止步于简单的罗列数据与主观分析，缺乏一个科学规范的评价体系。一个科学规范的评价体系不仅能够帮助人们直观地了解当下居民数字普惠金融的使用状况，也能够为政策制定者在进行决策、制定规划时提供科学依据。因此，本文将在已有研究与专家意见的基础上构建居民数字普惠金融使用状况评价指标体系，以助力数字普惠金融的进一步发展。

（一）居民数字普惠金融使用状况评价指标体系构建原则

由于居民数字普惠金融使用状况具备特殊特点，同时考虑到指标体系设计目的以及确保指标体系的规范有效，本文在进行指标体系设计工作时严格遵循以下几个设计原则。

1. 科学性原则

在居民数字普惠金融使用状况指标体系设计时，应准确定义各指标的内涵，严格依据科学理论确定各级指标相对权重。坚持紧紧围绕数字普惠金融内涵进行指标选取，以准确反映居民数字普惠金融的使用状况。

2. 完备性原则

同时考虑数字普惠金融服务的广度和深度。突出体现数字普惠金融的多元性，坚持多层面、多维度选取居民数字普惠金融使用状况指标，以全面反映居民数字普惠金融的使用状况。

3. 可比性原则

各地区由于经济发展面貌以及政策和制度的不同，在其居民数字普惠金融使用状况上也会存在差异。这种差异要在居民数字普惠金融使用状况指标体系中得到体现。

4. 可操作性原则

在进行指标选取、体系构建的过程中也需要将数据获取的难易程度考虑在内，尽可能地在不影响指标体系科学性、规范性的前提下，选择数据易获取的指标，以保障居民数字普惠金融使用状况评测工作的顺利进行。

（二）构建居民数字普惠金融使用状况指标体系

基于前述指标体系构建原则，本文在参考已有研究、专家意见以及国际惯例的基础上结合因子分析等定量方法，从接触程度、使用深度、便利化程度三个角度构建居民数字普惠金融使用状况评价指标体系，共包含 3 大类、16 个具体指标，具体如表 1 所示。

表 1　居民数字普惠金融使用状况评价指标体系

一级指标	二级指标	具体指标
接触程度	账号拥有状况	数字金融账号拥有量
		数字金融账号绑定银行卡数量
	日常支付状况	使用数字金融账号支付笔数
		使用数字金融账号支付金额

续表

一级指标	二级指标	具体指标
接触程度	货币基金使用状况	使用数字金融账号购买余额宝、零钱通等其他货币基金笔数
		使用数字金融账号购买余额宝、零钱通等其他货币基金金额
使用深度	信贷业务使用状况	互联网消费贷笔数
		互联网消费贷金额
	保险业务使用状况	互联网保险参保笔数
		互联网保险投保金额
	投资业务使用状况	互联网投资理财笔数
		互联网投资理财金额
便利化程度	信用免押状况	使用免押等信用服务次数（包括金融、住宿、出行等）
	信贷优惠状况	贷款平均利率
	信用支付状况	花呗、白条及其他信用支付笔数占比
		花呗、白条及其他信用支付金额占比

衡量居民数字普惠金融使用状况首先要考虑的就是居民对数字普惠金融的接触程度。倘若居民尚未接触过数字普惠金融，那么使用程度也就无从谈起。因此本文主要从账号拥有状况、日常支付状况、货币基金业务使用状况三个维度评测居民对数字普惠金融的接触程度。首先，数字普惠金融主要以电子平台账户为用户提供金融服务。即拥有数字金融账号是数字普惠金融使用的前提，但仅拥有账号无法使用数字金融平台的全部业务，在大部分平台上，只有绑定了银行卡才能使用全部业务。其次，支付业务是使用频率最多、使用范围最广的业务，能够在很大程度上反映居民的基本使用状况。最后，各大平台上的余额宝等货币基金是目前受众最广，也是最基础的金融业务。因此货币基金购买状况也成为接触程度的一个指标。

在使用深度方面，主要是考量居民对数字金融进阶业务的使用。随着金融服务的不断创新，各数字金融服务平台在支付、货币基金等基础业务外不断拓展，开设了多种新兴数字金融业务。居民通过数字金融平台对这些业务的使用程度越深，就越能从中获益。因此本文主要选择居民对信贷、保险、投资三大类主流业务的使用作为居民使用深度的代理指标。

在便利化程度方面，信用免押、信贷优惠等都是居民可以从使用数字金融平台中获得的主要便利。直观地看，信贷利率越低，信用免押次数越多，居民从中获益也就越大。考虑到数据的可得性，本文主要选择居民信用免押、信贷优惠以及信用支付三个维度衡量便利化程度。

（三）居民数字普惠金融使用状况指标合成方法

1. 数据无量纲化处理

居民数字普惠金融使用状况评价指标体系包含了多维度多层次信息，若想对居民数字普惠金融使用状况做出整体评价，则需要将上述多个指标按照科学方法进行合成。进行指标合成的第一步便是需要将不同性质与不同计量单位的各个指标进行无量纲化处理。随着统计学、计量经济学的持续发展，目前无量纲化处理手段已经十分成熟。本文采取对数归一法进行无量纲处理，具体公式如下：

$$y = \frac{\ln x - \ln\min(x)}{\ln\max(x) - \ln\min(x)} \times 100$$

对于贷款平均利率这一逆向指标，则通过以下公式进行无量纲化处理：

$$y = \frac{\ln x - \ln\max(x)}{\ln\min(x) - \ln\max(x)} \times 100$$

2. 指标赋权方法

本文居民数字普惠金融使用状况评价指标赋权主要思路为主观赋权与客观赋权相结合。首先利用熵权法求得 16 个具体指标在各自二级指标下的相对权重，再使用层次分析法（AHP）求得一、二级指标的相对权重。熵权法确定权重的基本思路是指标的离散程度，其信息熵值越小，指标的离散程度越大，该指标对综合评价的影响（即权重）就越大。因此可以通过数据本身的计算求得权重。层次分析法则是将复杂的决策系统层次化，进而逐层比较各种关联因素的重要性，从而为不同指标赋权。

最终算得居民数字普惠金融使用状况一、二级指标权重如表 2 所示。

表 2　居民数字普惠金融使用状况各维度指标权重　　单位：%

一级指标	二级指标
接触程度（48.3）	账号拥有状况（52.1）
	日常支付状况（29.5）
	货币基金使用状况（18.4）
使用深度（14.7）	信贷业务使用状况（34.8）
	保险业务使用状况（18.7）
	投资业务使用状况（46.5）
便利化程度（37）	信用免押状况（41.4）
	信贷优惠状况（7.5）
	信用支付状况（51.1）

3. 指数合成计算方法

经过使用对数归一法对指标数据进行无量纲化处理以及使用熵权法与层次分析法确定权重后，便可以开始计算居民数字普惠金融使用指数。具体的计算方法为：首先，通过具体指标数据及权重计算出二级指标得分；其次，通过二级指标得分及权重计算出一级指标得分；最后，通过一级指标数据及权重即可计算出居民数字普惠金融使用指数。

值得注意的是，此处所计算出的居民数字普惠金融使用指数是针对居民个人的，若想了解地区居民数字普惠金融使用整体状况，可用该地区全体居民数字普惠金融使用指数的平均数加以衡量。

六、辽宁省居民数字普惠金融使用状况分析

我国基于数字技术的金融机构与金融服务业发展迅速。北京大学数字普惠金融指数的研究结果表明，我国数字普惠金融在 2011 ~ 2018 年实现了跨越式的发展，地区间的差距不断缩小，普及度不断上升。在大力发展数字普惠金融的背景下，我们基于评价指标体系使用田野调查数据，计算辽宁省居民拥有数字金融账号的个数、支付情况、理财情况、信贷情况等数据分析辽宁省数字普惠金融的发展状况，发现不同年龄、收入以及学历的居民在数字金融产品的获益状况方面存在较大差距，因此将被调查者按照年龄、收入和学历分为三个组别，并按不同的分组分别对辽宁省居民数字普惠金融接触程度得分、使用深度得分以及便利化程度得分进行计算，分析辽宁省居民数字普惠金融的使用状况。

（一）数字普惠金融使用呈年轻化趋势

从整体年龄数据分布分析看，数字普惠金融无论是在接触程度、使用深度或是便利化程度上均具有较大的分数差异，可以清晰地看到随着年龄的递增，居民的使用程度呈递减趋势，如图 7 所示，18 ~ 27 岁年龄段是数字普惠金融最大的使用人群，这个年龄段正是年轻人进行资产配置、提升生活品质和自我投资的黄金时期，借助于普惠金融，使消费信贷在年轻一代人群中迅速得以发展；28 ~ 47 岁年龄段正处于职业发展的重要时期，相较于年轻群体在信贷、资金等方面存在一定的需求，这个年龄段人群更多的是对保险、医疗、理财、投资等方面存在需求；48 岁以上年龄段的大部分中老年人群由于运用智能技术困难、行动不便等原因，该类群体是数字普惠金融使用程度最低的人群。

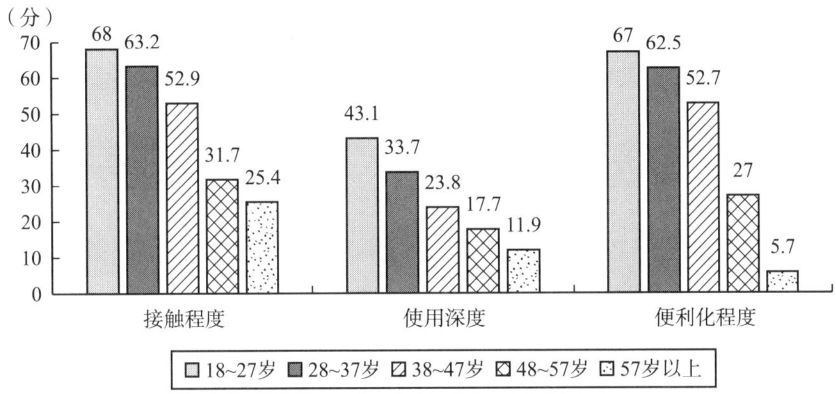

图7　辽宁省整体居民数字普惠金融使用状况的年龄分布状况

从图8可以看出，以年龄分组得到的接触程度得分最高，使用深度得分最少，可见大部分被调查者对于数字普惠金融的基础功能有所了解，却缺乏对更深层次业务的了解。同时各个年龄段在数字普惠金融的接触程度和便利化程度两方面的分值基本是接近的，尤其在前三个年龄区间分值仅相差1分左右，然而在48～57岁年龄区间，接触程度和便利化程度的分值开始拉大，对于57岁以上年龄区间分值甚至相差近20分，其便利化程度只有5.7分，由此可见，这两个年龄区间的中老年人群对数字普惠金融或许有所接触，但难以从中获益。

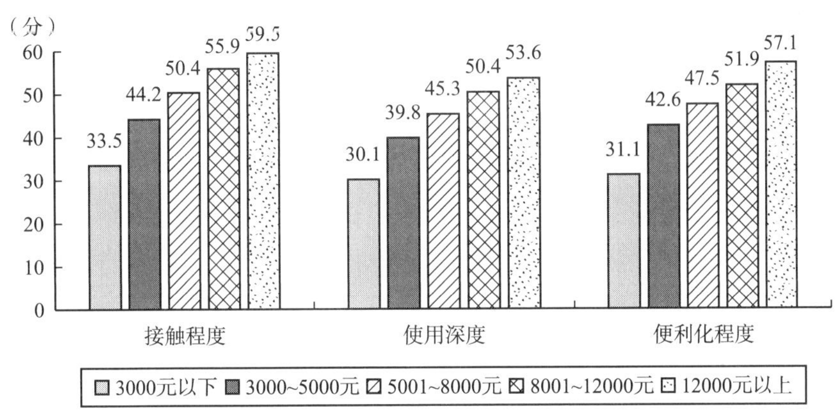

图8　辽宁省整体居民数字普惠金融受益状况的收入分布状况

（二）收入差距基本不影响居民数字普惠金融使用状况

从整体数据分布分析看，以收入分组的组间差距不是很大，说明各收入阶层都能够从数字普惠金融中受益，总体来说，随着收入的增加，居民从数字普惠金融中的受益越多，同时，随着收入的增加，受益的组间差距在逐渐缩减，尽管收入最高群体仍然是从数字普惠金融中获益最大的，但紧随其后的第二高收入群体也不遑多让，因为第二高收入群体不仅具有理财、投资等方面的需求，更多的还有贷款方面的需求，而最高收入群体则大部分没有贷款需求；低收入群体受限于经济实力，使用程度最低，但低收入群体的各项得分均不低于30分，可见低收入群体对数字普惠金融存在一定的依赖性。

从图8中可以看出，以收入分组得到的接触程度得分、使用深度得分以及便利化程度得分差距相较于其他分组来说相差不大，尤其是使用深度得分，并没有出现大幅度的减少，可见无论是哪个收入层次，对于数字普惠金融的了解程度普遍较为深入，因此各个收入层次的居民基本上可以较大程度地使用数字普惠金融工具，并从中受益。

（三）学历层次与数字普惠金融使用基本呈正比

整体来看，学历层次越高，往往会对金融知识有较为全面的了解或者更容易接受相关的金融知识，会明白金融产品或金融服务的风险和收益，从而理性客观地选择适合自身的金融服务，进而使用普惠金融服务；然而低学历群体大多由于金融素养水平偏低，缺乏对基础金融知识的了解，因此该类群体难以使用数字普惠金融服务。从图9中可以看到高学历群体和低学历群体数字普惠金融使用相差悬殊，初中及以下整体分数仅为19.7分，而研究生整体分数则高达60.3分，进一步验证了学历层次与数字普惠金融使用基本呈正比的观点。

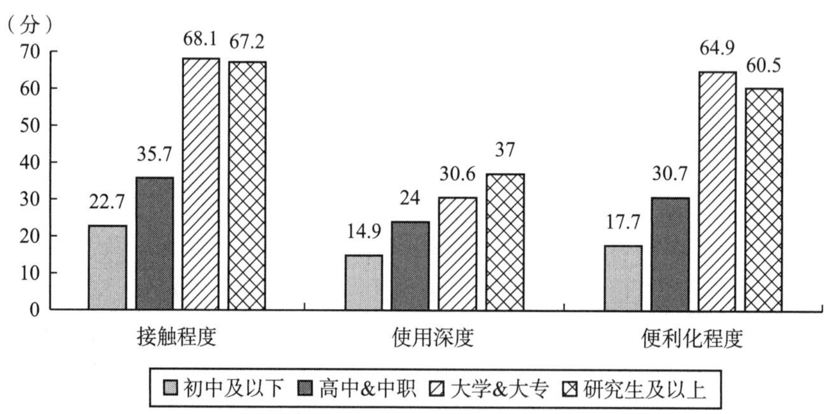

图9　辽宁省整体居民数字普惠金融使用状况的学历分布情况

从图9可以看出大学&大专学历和研究生学历这两组居民接触程度、使用深度和便利化程度相差不多，甚至大学&大专学历居民部分使用状况要高于研究生学历居民，这意味着当居民学历为大学及以上时，数字金融普惠使用程度不再随着居民学历的增加而增加。这可能是因为学历对于居民数字金融认知程度的提升是有限的。

七、辽宁省居民数字普惠金融使用状况的城乡差异分析

在我国，金融资源因逐利化的市场导向总是向城市倾斜，产生了农村地区金融发展的锁定悖论，使农村地区的经济和金融发展出现恶性循环（陈竞宇、郭婉丽，2020）。在现行的城乡二元结构体制下，金融资源配置失衡是城乡差距加大的重要原因之一。国家与地方的相关政策将金融资源导向区域中心城市，在人口自由流动的情况下，劳动力流向城市，在缺乏金融资本和人力资本的情况下，城乡经济发展的差距逐渐扩大。农民储蓄并没有用于农村建设而是转化为城市发展的动力，农村金融发展在提高城市居民收入的同时抑制了农村居民的收入，从而扩大了城乡差距。此外，数字普惠金融商业银行通过网上银行，手机 App，以及第三方支付蚂蚁花呗、微信支付、京东白条等互联网金融产品，推动了消费金融、互联网理财、互联网保险等金融业务的繁荣发展，数字普惠金融在农村不断得到推广和应用。然而农村村民的数字普惠使用情况仍与城市居民有一定的差异。因此本文将调查的城市社区和农村作为样本，分析数字普惠金融使用状况的城乡发展差异。

（一）城乡数字普惠金融发展使用情况总体比较

图 10 表示的是被调查区域城乡数字普惠金融发展的总体情况得分，从图中我们可以得知，城镇的数字普惠金融总体使用得分为 52.9 分，而农村得分不超过 40 分，说明城镇数字普惠金融的发展要好于农村。该结论也反映出农村数字普惠金融使用情况要明显少于城镇。数字普惠金融在城镇化和工业化进程中给城市发展带来源源不竭的动力，然而作用于乡村振兴成效尚浅。

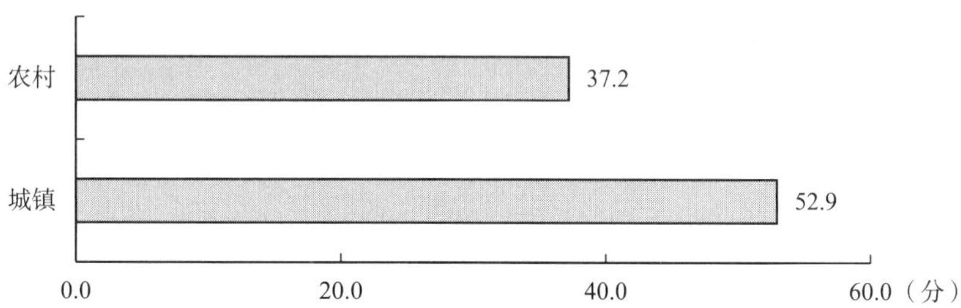

图 10　城乡数字普惠金融发展总体差异比较

前面为测算数字普惠金融的使用情况构建了数字普惠金融的评价指标体系，该评价体系分为三个方面，图 11 展示了在三个方面下数字普惠金融分别在城乡发展的情

况。总体上看城镇的使用情况高于农村，且无论从数字普惠金融的接触程度、使用深度还是便利化程度上，城镇均优于农村。从得分情况上看，数字普惠金融的使用深度在城乡发展之间差异是最小的，相反城乡差异最大的是便利化程度的分数。这说明农村村民较少使用信用支付、信用免押和信贷优惠，城镇居民在此方面的数字普惠金融使用情况要明显高于农村，这也直接拉大了城乡数字普惠金融的使用差距。但值得关注的是，无论是从网上信贷保险业务的使用状况看，还是从投资业务的使用状况看，由于数字普惠金融的出现，农村村民逐渐拓宽了互联网消费信贷的渠道，也开始重视互联网的理财使用。这说明了近年来，国家和政府在大力加强数字普惠金融宣传教育、加强数字普惠金融基础设施建设上初见成效。

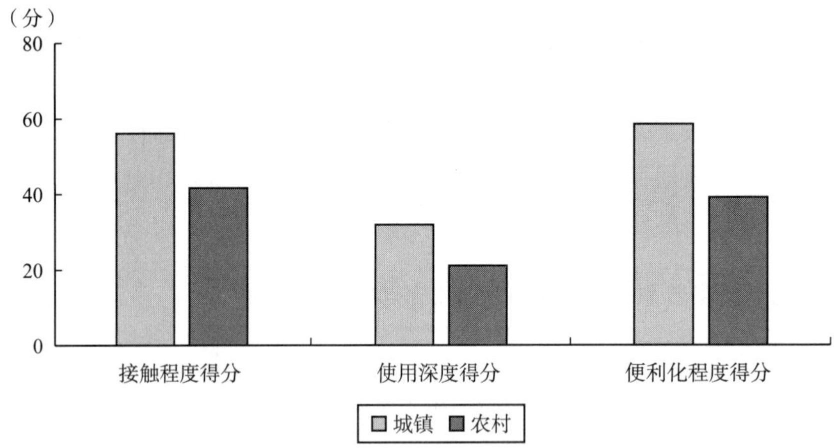

图 11　三个方面下数字普惠金融城乡发展情况

（二）不同年龄下城乡数字普惠金融发展情况比较

由于年龄不同，所以接受新事物的能力与理解程度都有差别。图 12 反映了不同年龄群体下城乡数字普惠金融发展的使用情况。从整体上看，年龄越大，越依赖于既定的生活生产模式，对新生事物接受能力减弱，数字普惠金融的使用越低。相反地，年轻人群是推动数字普惠金融蓬勃发展的主力军，也更容易接受数字金融服务，因此，年龄越小的人群使用越高。在城乡比较上，年龄小的群体使用程度城乡差距不大，但中老年人的使用程度差异还是比较明显的。说明 18 ~ 37 岁的中青年人在数字普惠金融的应用和使用程度上是不受地域限制的。而在 37 ~ 57 岁的人群中，城乡使用的两极分化比较严重，城镇居民接受数字普惠金融程度要高于农村居民。57 岁以上的居民城乡使用情况基本没有差异，由此可见，无论城乡，年龄较大的居民是数字普惠金融使用较差的群体。

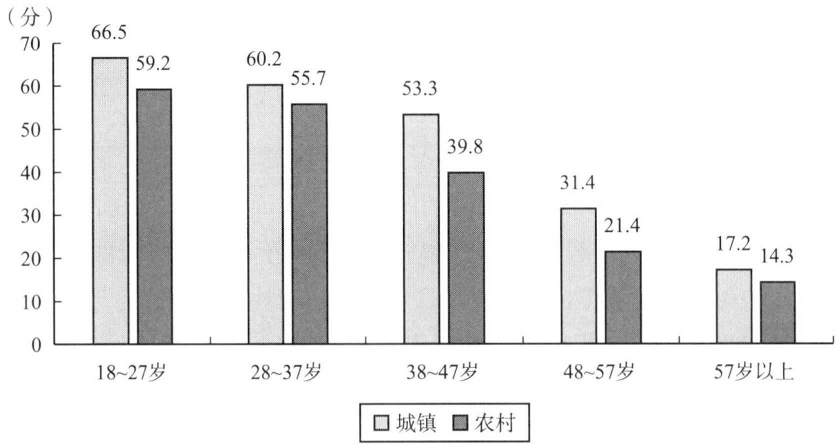

图 12　不同年龄群体下城乡数字普惠金融发展情况

（三）不同收入下城乡数字普惠金融发展情况比较

数字普惠金融发展广度和深度的扩大，使农村居民获得了更多的金融支持和金融服务。本文调查了城乡不同收入群体数字普惠金融的使用状况，如图 13 所示，在不同收入群体下数字普惠金融城乡使用情况图中，可以发现城市数字普惠金融的使用是明显高于农村的，随着居民收入的逐渐增加，数字普惠金融的使用状况也呈上升态势。收入越高的人群，越容易在数字普惠金融的背景下获益。此外，收入越高的人群城乡普惠金融的使用差距越小，收入低的人群城乡差距越大。这说明收入越高居民越愿意使用互联网金融进行投资消费理财等，因此普惠程度也不会过多地受到城乡发展的影响。

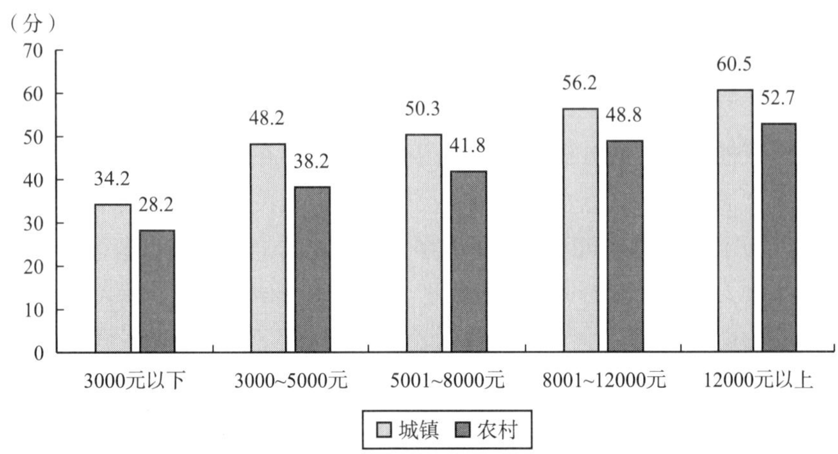

图 13　不同收入群体下数字普惠金融城乡发展情况

（四）不同学历水平下城乡数字普惠金融发展情况比较

学历水平的高低也是造成城乡数字普惠金融发展差异的原因之一。图 14 展示了不同学历水平下城乡数字普惠金融发展情况。从图 14 中可以发现，学历越高的群体越不受城乡地域限制，城乡的数字普惠使用差距越小；而差距最大的是高中和中职人群，相差 12 分，这说明同样较低的学历水平，城镇由于数字普惠金融发展较快助推了这类人群尽快融入数字普惠金融的发展环境中，适应性更强，因此与农村的差异较大。随着学历水平的上升，城乡差距也会不断缩小。

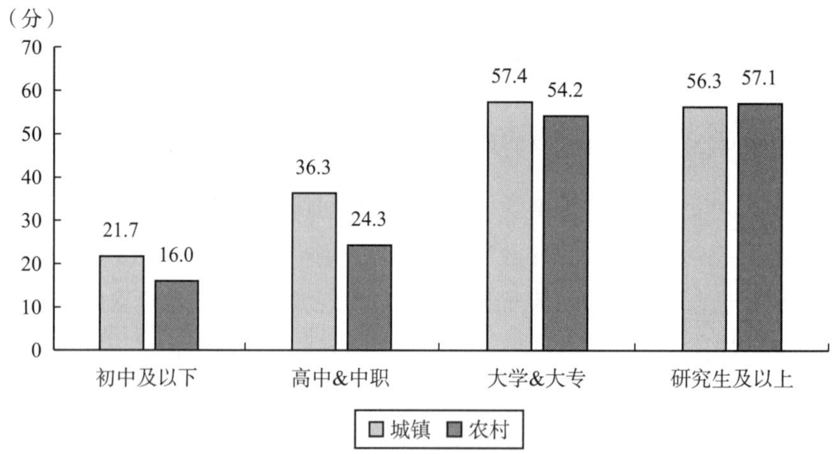

图 14　不同学历水平下城乡数字普惠金融发展情况

八、居民数字普惠金融使用状况对其收入与消费的影响

党的十九大明确指出要坚持以人民为中心的发展思想，这为本文接下来的研究指明了方向。基于前几部分的分析我们可以得知，尽管存在较大的城乡差异，但从整体上来说，辽宁省居民数字普惠金融使用状况较好。但人民群众的生活水平因此得到切实提高了吗？为了回答这个问题，本文将在上述研究结论的基础上建立回归模型，并使用来自辽宁省多地区的田野调查数据对数字普惠金融使用状况与居民收入及消费之间的关系展开实证分析。

（一）模型设定及变量选取

本文考虑到影响居民收入与消费的因素具有差异，因而分别构建基准回归模型（1）、模型（2）来检验数字普惠金融使用状况对居民收入及消费的影响。

数字普惠金融使用状况对居民收入影响的基准回归模型：

$$lnY_i = \beta_0 + \beta_1 lndifi_i + \beta_2 lndepo_i + \beta_3 lnheal_i + \beta_4 prov_i + \beta_5 lneduc_i + \varepsilon_i \quad (1)$$

数字普惠金融使用状况对居民消费影响的基准回归模型：

$$lnC_i = \beta_0 + \beta_1 lndifi_i + \beta_2 lndepo_i + \beta_3 lnheal_i + \beta_4 prov_i + \beta_5 lny_i + \varepsilon_i \quad (2)$$

其中，i 代表个体，Yi 代表个体 i 的收入，Ci 代表个体 i 的消费，difi 为居民数字普惠金融使用状况。ε 为随机误差项。本文通过添加控制变量以确保模型的稳健性与估计结果的准确性。控制变量集包括财富水平（depo）、健康状况（heal）、抚养压力状况（prov）、受教育程度（educ），以及收入状况（y）。各变量具体含义与计算方法如表 3 所示。

表 3　　变量对照

变量	变量符号	变量内涵	计算方法
被解释变量	lnY	收入状况	居民个人收入对数
	lnC	消费水平	居民个人消费对数
解释变量	lndifi	数字普惠金融使用状况	居民数字普惠金融使用状况对数
控制变量	lndepo	财富水平	居民存款对数
	lnheal	健康状况	居民医疗支出对数
	prov	抚养压力状况	居民抚养老人儿童数量
	lneduc	受教育程度	居民受教育年限对数

（二）数据来源

本文主要检验数字普惠金融使用状况对居民收入及消费的影响。选择的样本为辽宁沈阳、本溪、丹东、葫芦岛等地区的城乡居民。数据主要来源于本次田野调查。各变量描述性统计分析如表 4 所示。

表 4　　变量描述性统计分析

变量	观测值	平均值	标准差	最小值	最大值
lnY	689	11. 276	1. 257	10. 258	15. 389
lnC	689	10. 104	1. 220	9. 262	13. 947
lndifi	689	3. 644	0. 542	1. 411	4. 197
lndepo	689	10. 509	2. 544	7. 090	15. 389

续表

变量	观测值	平均值	标准差	最小值	最大值
lnheal	689	7.351	1.357	4.605	9.615
prov	689	1.902	1.487	0	5
lneduc	689	2.489	0.332	1.791	2.944

（三）实证结果与分析

基于OLS方法的估计结果如表5所示。其中模型（1）~模型（3）分别为全体居民、城镇居民与农村居民数字普惠金融使用状况关于居民收入的回归结果；模型（4）~模型（6）分别为全体居民、城镇居民以及农村居民数字普惠金融使用状况关于消费的回归结果。

表5　　回归结果

被解释变量	lnY			lnC		
变量	模型（1）	模型（2）	模型（3）	模型（4）	模型（5）	模型（6）
lndifi	0.132***	0.105***	0.159**	0.235***	0.222**	0.237***
lndepo	0.274***	0.374**	0.207**	0.215***	0.228***	0.204**
lnheal	0.021**	0.019**	0.029*	0.058**	0.037***	0.074**
prov	0.121**	0.126**	0.108**	0.117**	0.135***	0.078**
lneduc	0.168**	0.170***	0.112***			
lnY				0.684**	0.407***	0.751**
constant	-3.478	-1.245*	1.231	2.004	-3.485	4.129
观测值	689	444	245	689	444	245
R^2	0.852	0.894	0.866	0.904	0.898	0.917

注：***、**、*分别为在1%、5%以及10%置信水平下显著。

首先，由表5模型（1）以及模型（4）中结果可知，变量lndifi的估计系数分别为0.132与0.235，且都在1%的显著性水平下显著。这意味着从整体上看，数字普惠金融的使用能够切实提升居民收入与消费，其中对居民消费的提升要大于对居民收入的提升。这可能是因为目前各大数字金融平台提供的主要金融服务多是针对居民消费领域，例如目前使用次数最多、应用范围最广的支付业务与消费贷业务。能够切实有效提升居民收入的金融服务相对较少。

其次，在收入方面，变量 lndifi 在模型（2）以及模型（3）中的估计系数分别为0.105 与0.159，且十分显著。这意味着数字普惠金融对城镇居民与农村居民收入增长均有积极的促进作用，但其对农村居民收入增长的促进作用要高于其对城镇居民收入增长的促进作用。究其原因可能在于农村居民能够享受到的传统金融服务较少，数字普惠金融的出现对于农村居民是雪中送炭，其边际收益较高。而对于城镇居民，数字金融对其影响更多的是锦上添花，在数字普惠金融出现之前，城镇居民便已经能够享受到较为优质的金融服务，因此，数字普惠金融为城镇居民带来的边际效益较小。

最后，在消费方面，变量 lndifi 在模型（5）以及模型（6）中的估计系数分别为0.222 与0.237，且十分显著。这意味着数字普惠金融使用状况对城镇居民与农村居民消费增长也都有着积极的促进作用。

九、结论与政策建议

（一）研究结论

数字普惠金融泛指一切通过将数字技术与金融业的融合，促进普惠金融发展的行为。相比传统的普惠金融模式，数字普惠金融突破了时间和空间的限制，提升了普惠金融的区域覆盖度和地域穿透性，降低了运营成本和进入门槛，成为推动普惠金融向深、向广发展的重要动力。

已有研究着重于普惠金融发展的整体状况，忽视了由于城乡经济发展差异以及居民年龄、收入等个体特征不同导致的居民数字普惠金融使用状况差异。本文基于居民数字普惠金融使用状况这个全新视角，通过建立居民数字普惠金融使用状况评价指标体系，并结合来自辽宁省多地区田野调查数据对居民数字普惠金融使用状况及其城乡差异进行研究，得到了以下主要研究结论：

首先，辽宁省居民数字普惠金融使用状况存在使用意愿高、使用人群年轻、使用业务基础等特征。

其次，辽宁省居民数字普惠金融使用状况存在明显城乡差异，城镇居民使用程度远高于农村居民，但学历以及收入的提升能够有效缩小这种差距。

再次，在个人特征视角下，青年人群使用程度高于中老年人群；高收入人群使用程度高于低收入人群；高学历人群使用程度高于低学历人群；值得注意的是，年龄、学历组组间差距较大，而收入组组间差距较小。而老年人与青年人、高学历人群与低学历人群之间最大的差异就是对数字普惠金融服务了解上的差异。因此，可以认为数字普惠金融服务的了解程度对居民数字普惠金融使用状况有重要影响。

最后，通过回归分析，本文发现数字普惠金融促进了城乡居民收入与消费的增长，其对消费的增长效应大于其对收入的增长效应。而在城乡差异方面，数字普惠金融对农村居民收入与消费增长的促进作用要高于其对城镇居民的促进作用。但前面指出，数字普惠金融在农村地区的发展状况不及其在城镇地区的发展状况。因此，加强数字普惠金融在农村地区的推广工作势在必行，这也是数字普惠金融本身的应有之义。

（二）政策建议

基于辽宁省数字普惠金融调研数据，本文认为发展数字普惠金融还需从以下四个方面入手。

1. 加强普惠金融作用，增强农村经济韧性

助力乡村振兴，加强乡村经济的金融能力建设是数字普惠金融的一项重要任务，须利用好数字普惠金融在助力农村脱贫致富方面的作用。今后应创造有利于农村经济发展的环境，建立适合乡村经济发展的金融体系。由于现代金融体系是为现代企业设计的，很多时候并不适用于乡村经济，因此，有必要建立一个包含支付、信贷、保险、理财等多种金融服务的适合农村经济发展壮大的金融生态体系。同时，要加速农村信息数字化建设，与数字经济有关的，如5G技术、大数据、人工智能等新型基础设施建设能够有效增加农村经济主体数字普惠金融服务的可获得性，使数字普惠金融真正服务于农村群众，助力农村经济建设。

2. 加大教育宣传力度，促进弱势群体使用

随着我国正式进入老龄化社会，满足老年人的金融服务需求，是发展普惠金融的内涵之一，然而调研数据表明大多数中老年群体由于运用智能技术困难、行动不便等原因难以使用数字普惠金融服务。因此可以充分利用各种宣传手段，引导老年群体提升对数字普惠金融的认知度和利用率，满足老年人的金融需求。

与此同时，金融市场的快速发展对消费者的金融素养提出了更高要求，日益凸显了金融教育的重要性，调研数据表明，学历层次是影响普惠金融使用程度的重要正相关因素，因此，低学历群体要有意识地提升基本文化素养，通过继续教育和职业技能培训，提高应用新技术的能力，提升利用金融产品脱贫致富的能力。

3. 提升服务供给质量，助力普惠金融发展

随着经济社会的发展，群众对于金融服务的需求更加多元化，提高数字普惠金融服务供给和需求的匹配性也越发重要，不同收入群体的金融需求是不相一致的，高收入群体的金融需求主要体现在理财、投资等方面；然而低收入群体与高收入群体相比

存在自身需求的特殊性，低收入群体的金融需求主要体现在小额储蓄、贷款、保险等方面。因此，数字普惠金融可以通过优化金融服务、提升服务质效，满足普惠人群愈加多元化的金融需求，进而完善不同收入群体的金融服务体验。除此之外，还可以促进数字普惠金融的创新，进而开发具有针对性的新产品，从而实现数字普惠金融的可持续发展。

4. 完善金融监管体系，发挥普惠金融实效

在数字技术与金融业务的加速融合下，传统监管手段难以有效适应新的变化和特征，使监管成本上升，监管难度增大。因此，一方面，应规范数字普惠金融行业的准入标准，健全风险提示和披露机制，保证数字普惠金融服务的提供方具有相应的风险控制及风险承受能力，引导数字普惠金融市场良性发展；另一方面，政府部门、监管机构之间还须探索建立有效的协调合作机制，形成有效的监管合力，共同推进数字普惠金融发挥普惠实效。

参考文献

[1] Demirgue – Kunt, A. and L. , Klapper, "Measuring Financial Inclusion: The Global Findex Data-base", Policy Research Working Paper Series, No. 6025, 2012.

[2] Global Parternship for Financial Inclusion, "G20 Financial indusion indicators", 2013.

[3] Guo, F. , S. T. Kong, and J. Wang, "General Patterns and Regional Disparity of Internet Finance Development in China: Evidence from the Peking University Internet Finance Development Index", China Economic Journal, 2016, 9 (3): 253 – 271.

[4] Sarma, M. , "Indexof Financial Inclusion – A Measure of Financial Sector Inclusiveness", Berlin Working Paperson Money, Finance, Tradeand Development No. 07/2012, 2012.

[5] Diefenbacher H. , Zieschank R. , Rodenhauser D. Measuring Welfarein Germany. A Suggestion for a New Welfare Index [M]. Federal Environment Agency, 2010.

[6] 陈竞宇、郭婉丽：《数字普惠金融对城乡收入差距的影响研究》，载《农村经济与科技》2020 年第 12 期，第 107 – 109 页。

[7] 北京大学互联网金融研究中心课题组：《北京大学数字普惠金融指数（2011 ~ 2015）》，2016 年。

[8] 董玉峰、赵晓明：《负责任的数字普惠金融：缘起、内涵与构建》，载《南方金融》2018 年第 1 期，第 50 – 56 页。

[9] 何宏庆：《数字普惠金融风险：现实表征与化解进路》，载《兰州学刊》2020 年第 1 期，第 68 – 78 页。

[10] 贺健、张红梅：《数字普惠金融对经济高质量发展的地区差异影响研究——基于系统 GMM 及门槛效应的检验》，载《金融理论与实践》2020 年第 7 期，第 26 – 32 页。

[11] 胡滨、程雪军：《金融科技、数字普惠金融与国家金融竞争力》，载《武汉大学学报（哲学社会科学版）》2020 年第 3 期，第 130 – 141 页。

[12] 黄倩、李政、熊德平：《数字普惠金融的减贫效应及其传导机制》，载《改革》2019 年第 11 期，第 90 – 101 页。

[13] 黄益平、陶坤玉：《中国的数字金融革命：发展、影响与监管启示》，载《国际经济评论》2019 年第 6 期，第 24 – 35 +5 页。

[14] 葛和平、朱卉雯：《中国数字普惠金融的省域差异及影响因素研究》，载《新金融》2018 年第 2 期，第 47 – 53 页。

[15] 龚沁宜、成学真：《数字普惠金融、农村贫困与经济增长》，载《甘肃社会科学》2018 年第 6 期，第 139 – 145 页。

[16] 郭峰、王靖一、王芳、孔涛、张勋、程志云：《测度中国数字普惠金融发展：指数编制与空间特征》，载《经济学（季刊）》2020 年第 4 期，第 1401 – 1418 页。

[17] 郭妍、张立光、王馨：《农村数字普惠金融的经济效应与影响因素研究——基于县域调查数据的实证分析》，载《山东大学学报（哲学社会科学版）》2020 年第 6 期，第 122 – 132 页。

[18] 江红莉、蒋鹏程：《数字普惠金融的居民消费水平提升和结构优化效应研究》，载《现代财经（天津财经大学学报）》2020 年第 10 期，第 18 – 32 页。

[19] 蒋庆正、李红、刘香甜：《农村数字普惠金融发展水平测度及影响因素研究》，载《金融经济学研究》2019 年第 4 期，第 123 – 133 页。

[20] 蒋竹媛：《数字普惠金融对居民消费的影响——来自省级面板数据的实证》，载《商业经济研究》2020 年第 10 期，第 56 – 59 页。

[21] 李牧辰、封思贤：《数字普惠金融与城乡收入差距——基于文献的分析》，载《当代经济管理》2020 年第 10 期，第 84 – 91 页。

[22] 梁榜、张建华：《中国普惠金融创新能否缓解中小企业的融资约束》，载《中国科技论坛》2018 年第 11 期，第 94 – 105 页。

[23] 刘锦怡、刘纯阳：《数字普惠金融的农村减贫效应：效果与机制》，载《财经论丛》2020 年第 1 期，第 43 – 53 页。

[24] 陆岷峰、马经纬、汪祖刚：《金融科技背景下普惠金融基本矛盾图谱与解

决路径研究》，载《金融理论与实践》2019 年第 8 期，第 1－7 页。

［25］吕雁琴、赵斌：《数字普惠金融与城乡居民消费差距》，载《金融与经济》2019 年第 12 期，第 76－81 页。

［26］齐红倩、李志创：《中国普惠金融发展水平测度与评价——基于不同目标群体的微观实证研究》，载《数量经济技术经济研究》2019 年第 5 期，第 101－117 页。

［27］钱海章、陶云清、曹松威、曹雨阳：《中国数字金融发展与经济增长的理论与实证》，载《数量经济技术经济研究》2020 年第 6 期，第 26－46 页。

［28］邱兆祥、向晓建：《数字普惠金融发展中所面临的问题及对策研究》，载《金融理论与实践》2018 年第 1 期，第 5－9 页。

［29］吴金旺、郭福春，顾洲一：《数字普惠金融发展影响因素的实证分析——基于空间面板模型的检验》，载《浙江学刊》2018 年第 3 期，第 136－146 页。

［30］吴庆田、王倩：《普惠金融发展质量与中小企业融资效率》，载《金融与经济》2020 年第 9 期，第 37－43＋67 页。

［31］吴善东：《数字普惠金融的风险问题、监管挑战及发展建议》，载《技术经济与管理研究》2019 年第 1 期，第 66－69 页。

［32］易行健、周利：《数字普惠金融发展是否显著影响了居民消费——来自中国家庭的微观证据》，载《金融研究》2018 年第 11 期，第 47－67 页。

［33］尹应凯、侯蕤：《数字普惠金融的发展逻辑、国际经验与中国贡献》，载《学术探索》2017 年第 3 期，第 104－111 页。

［34］杨虹、王乔冉、张柯：《中国数字普惠金融、教育水平与农村贫困问题探析》，载《汉江学术》，https：//doi. org/10. 16388/j. cnki. cn42－1843/c. 2021. 03. 004。

［35］喻平、豆俊霞：《数字普惠金融发展缓解了中小企业融资约束吗》，载《财会月刊》2020 年第 3 期，第 140－146 页。

［36］张德钢、朱旭森：《中国九大城市群数字普惠金融发展的时空差异及动态演进》，载《当代经济管理》2020 年第 12 期，第 88－96 页。

［37］张晖：《县域数字金融发展评价体系和普惠特征研究——兼论与传统普惠金融发展的关系》，载《农业经济问题》2020 年第 11 期，第 120－130 页。

［38］张勋、万广华、张佳佳、何宗樾：《数字经济、普惠金融与包容性增长》，载《经济研究》2019 年第 8 期，第 71－86 页。

［39］宗民：《“一带一路”沿线国家的普惠金融发展：模式与经验》，载《西南金融》2019 年第 10 期，第 3－12 页。

Urban and Rural Differences in the Use of Digital Inclusive Finance

—Based on fieldwork data of multiple regions in Liaoning Province

Lin Chun　Zheng Shuchi　Yang Shuwen　Qin Yin　Man Xue

Abstract: The CPC Central Committee and the State Council attach great importance to the development of inclusive finance. The development of inclusive finance has become a hot issue at present. Existing studies focus on the overall situation of the development of inclusive finance, ignoring the development differences caused by different regional and individual characteristics. Based on the new perspective of residents' use of digital inclusive finance, this paper tries to study this difference by establishing a scientific and standardized evaluation index system and combining first-hand field survey data. The results show that: First, the use of digital inclusive finance among Liaoning residents is characterized by high willingness to use it, young users, and business basis. Secondly, there is an obvious difference between urban and rural residents in the use of digital inclusive finance in Liaoning Province. The degree of use of urban residents is much higher than that of rural residents, but the improvement of educational background and income can effectively narrow this gap. Thirdly, from the perspective of personal characteristics, the use degree of young people is higher than that of middle-aged and old people. The use degree of high income group is higher than that of low income group; The degree of use of high education group is higher than that of low education group; Notably, the differences between age and education groups were larger, while the differences between income groups were smaller. Fourth, through the regression analysis, this paper found that pratt & whitney financial promoted the growth of the urban and rural residents income and consumption, its effect on consumption growth is greater than its effect on income growth, and in urban and rural differences, pratt & whitney financial for rural residents income and consumption growth promoting effect than the promoting effect of urban residents. Finally, this paper puts forward targeted policy recommendations based on the above main conclusions.

Key words: Digital inclusive finance　Using status of residents　Differences between urban and rural areas　Index system　Entropy weight method　Analytic hierarchy process

区域一体化视角下“昌九一体化”建设研究*

——基于SWOT模型

胡学英**

摘　要：“昌九一体化”建设不仅仅在于南昌和九江的发展需求，更涉及整个江西面临内外发展机遇和挑战的战略部署。为此，有必要对“昌九一体化”内外因素、条件和形势进行系统分析，从而对一体化路径进行考量和提出科学的对策建议。本文采用学术界广泛使用的SWOT分析模型，系统地对“昌九一体化”作为一个整体面临的内外发展机遇、挑战和形势进行分析，并在“昌九一体化”SWOT属性分析的基础上提出了“昌九一体化”的战略和发展路径。

关键词：“昌九一体化”　SWOT模型　战略分析

区域一体化尤其是城市一体化是区域发展到一定阶段的内在要求，同时也是当前世界经济发展的大趋势。当前，我国正迎来区域一体化和城市一体化的建设高潮。长三角城市群、珠三角城市群都是我国东部区域经济最发达、一体化程度最高、产业分工与合作最具成效的区域。除东部地区外，中部地区城市群经济也正加速形成，已初具规模的中部城市群主要有武汉城市圈、中原城市群、长株潭城市群、江淮城市群以及环鄱阳湖城市群。在鄱阳湖生态经济区38个县（市、区）中，南昌、九江占到20个，占比近一半且发展基础较好。

---

* 基金项目：2020年江西省社科规划项目“江西融入新一轮技术革命推动制造业高质量发展产业政策研究”（20YJ06）。

** 作者简介：胡学英（1984～），江西泰和人，江西省委党校经济学教研部教师，经济学博士，副教授，研究方向为产业经济、区域经济。

“昌九一体化”的提出具有深刻的历史背景和深远战略意义。它既是对20世纪90年代初期开始打造的昌九工业走廊的继续和发展，又主动迎合了国家提出的打造长江经济带的新的战略部署，也是推动鄱阳湖生态经济区建设的实质性措施。推进“昌九一体化”，有利于发挥两市优势，形成驱动江西经济崛起的“双核”引擎，提升对全省经济的辐射力和带动力。

一、“昌九一体化”的SWOT属性

在“昌九一体化”的SWOT分析中，由于主体包含了南昌、九江以及视南昌和九江为整体的昌九，甚至包含整个江西省。由于主体内涵的变化，故存在不同主体的内外条件的变化，以及相应的不同主体的战略差异。综合以上多个层面的“昌九一体化”内在优势和劣势的分析以及昌九发展面临的机遇和挑战的分析，基于SWOT模型，归纳为以下四个方面。

（一）“昌九一体化”的自身优势（Strength）

（1）南昌在江西有地位优势，省会城市，是江西的科教中心、经济中心、交通中心、政治中心，南昌的开放程度较高，经济总量在江西最大。

（2）九江通江达海的港口优势，可作为南昌以及整个江西的门户口岸，九江的工业基础较好，能承担起“昌九一体化”的副核心职能。

（3）“昌九一体化”在前期经历了昌九工业走廊建设，昌九城际铁路、昌九快速通道建设等已为“昌九一体化”建设奠定了较好的发展基础。位于昌九核心区域间的中点已发展起共青城市这样的高新技术开发区，并成为省直管市，较好缓解了昌九因城市核心区域过远所带来的同城化困境。

（4）南昌、九江历史上同文同祖，文化交融、经济往来和人员交流密切，同城化不存在交流的障碍和隔阂。

（5）南昌和九江均还有相对充裕的土地资源，生态资源优良，开发成本还不高。

（6）南昌和九江共享鄱阳湖，鄱阳湖生态经济区建设重点在南昌和九江。

（二）“昌九一体化”的自身劣势（Weakness）

（1）无论是九江还是南昌，发展程度都不高，经济总量较小。

（2）城市化进程不高，城市建设人气不足，人员和人才外流严重。

（3）南昌作为核心城市辐射力有限，九江作为门户港口城市，港口经济发展不足，昌九市场融合和分工不够。

（4）江西和九江的生态优势发挥不力，由于发展观念落后，创新不足，生态优势逐渐成为制约南昌和九江以及整个江西快速发展的包袱。

（5）昌九地区是我国重要粮食主产区，确保粮食安全的主体功能在创新未跟上的情况下将制约和束缚昌九地区的工业发展和城市化进程推进。

（三）“昌九一体化”外部发展机会（Opportunity）

（1）我国进入经济社会发展新常态，传统的发展方式和模式开始变革，更注重内涵式发展和可持续发展路径，这为欠发达地区带来了后发优势。

（2）长江经济带建设为“昌九一体化”提供了更广阔的空间。江西隶属长江经济带，九江是长江沿线港口城市，长江经济带黄金水道建设将给昌九带来新的发展机遇。长江经济带建设为“昌九一体化”提供了更广阔的市场、更多的资源要素以及技术的快速革新。长江经济带连接长三角、长江中游城市群和成渝经济区三大板块，旨在让板块内的产业和技术设施连接起来、要素流动起来、市场统一起来，促进产业有序转移衔接、优化升级和新型城镇集聚发展。昌九地区具有丰富的自然资源和劳动力资源，并已具备一定的产业基础，能够借助长江经济带建设主动承接长三角、珠三角地区的产业转移，尽快建立起完善的产业体系；更重要的是，通过引进沿海地区的先进技术，能够促进昌九产业从低附加值向高附加值升级，从高能耗向低能耗低污染升级，从而实现江西的绿色崛起。

（3）长江中游城市群建设为“昌九一体化”提供政策支持。当前，中国的区域竞争正在由城市之间的竞争转变为城市群的竞争。从国家层面来看，长江中游城市群建设，必将成为引领和支撑未来中国经济发展的第四极。党中央对长江中游城市群发展的支持，为“昌九一体化”发展带来了发展的机遇。长江中游城市群打造中国发展第四极，以南昌和九江为核心的昌九地区是作为鄱阳湖城市群最重要的支撑，长江中游城市群建设将给昌九带来沟通武汉城市圈、长株潭城市群、皖江城市带形成共同市场的发展机会。

（4）中部崛起战略的继续推进以及鄱阳湖生态经济区建设将为“昌九一体化”创造新的机遇。

（5）江西坚定不移推进大南昌都市圈建设，不断提升南昌对江西省发展的辐射力、带动力、集聚力。制定了《推进大南昌都市圈发展工作方案》，出台了《关于支持大南昌都市圈发展的若干政策措施》《关于完善赣江新区管理体制的实施方案》《大南昌都市圈发展规划（2019～2025）》，提出了“一圈引领、两轴驱动、三区协同”构建大南昌都市圈的决策部署，启动编制了国土空间、城镇体系、综合交通、产业布局、生态环境等多个专项规划。

（6）东部沿海产业转移加快，将给南昌和九江带来更多的东部沿海等发达地区的产业承接机会。

（7）电商、物流等新业态兴起及繁荣为南昌和九江等的发展提供了与东部沿海几乎无差距的共同发展的新机遇。

（8）区域合作与融合，城市间的互融互通成为区域发展新趋势。

（四）“昌九一体化”外部发展挑战与威胁（Threats）

（1）我国省区间的区域竞争加剧，江西无论在全国31个省区市、中部六省、长江中游四省、长江经济带中均处于严重偏后地位，而且进位赶超难度增大，而被赶超的压力则越来越大。

（2）南昌、九江城市发展面临如何突破经济总量过小的发展瓶颈，由于经济总量均较小，两市均面临争夺发展资源快速发展的竞争压力，可能竞争关系大于合作关系。昌九经济总量和工业化水平较为落后，在长江中游城市群建设中的竞争力有待提高。近年来，“武汉城市圈”“长株潭城市群”“皖江城市带”等周边城市群的发展势头远超“鄱阳湖生态经济区”。昌九能否真正联动起来、一体发展，在长江中游城市群中取得竞争性地位，关系到昌九乃至江西未来的发展。

（3）昌九面临发展洼地的困境，随着与周边城市群互融互通的便利化，昌九面临发展资源和市场被周边发达省市“倒吸”的可能，以及相应的人员和人才外流风险，导致发展处境的进一步恶化，与周边省市发展差距进一步拉大。

（4）昌九核心城区空间距离过大，江西省财力过小，而两市同城化摊子过大，面临发展资源使用不够优化，最终导致“1+1<2”的风险，使南昌和九江再次陷入新的发展陷阱。江西举全省之力打造“昌九一体化”，意在形成核心增长极，辐射带动全省经济发展。然而，从现实发展来看，昌九对全省经济的影响力仍然较弱。

（5）“昌九一体化”的条件以及基础还不够成熟，市场参与和推动不力，可能导致“昌九一体化”如昌九工业走廊建设一样有始无终，“昌九一体化”发展绩效不好导致昌九再次错失进位赶超的机会。

（6）昌九具有区域竞争性支柱型产业较少。昌九产业体系尚未健全，须进一步建立形成具有区域竞争性的支柱型产业。目前，南昌、九江的工业发展仍以项目或大企业为主导，存在产业发展不强、经济总量不大的问题，且产业间缺少互补对接，园区与园区之间、园区内的企业之间没有形成真正的产业集聚，规模经济、范围经济难以实现。

（7）现有的行政体制还不足以有效协调和推动南昌和九江的一体化建设。

二、“昌九一体化”的SWOT战略

按照SWOT分析模型，“昌九一体化”的优势（Strength）、劣势（Weakness）、机会（Opportunity）和威胁（Threats）的分析，目的在于对“昌九一体化”从外部环境和内在条件入手分别形成一体化的战略对策，即SO战略（Strength－Opportunity）、ST战略（Strength－Threats）、WO战略（Weakness－Opportunity）、WT战略（Weakness－Threats）。“昌九一体化”的SO战略要求有效利用外部发展机遇，充分发挥昌九自身内在优势、昌九自身发展优势和有效发挥外在机遇和有利条件；ST战略强调“昌九一体化”建设中如何利用自身优势回避或规避外在不利发展因素；WO战略强调如何利用昌九所拥有的外在有利条件克服自身发展缺陷和不足；而WT战略则指在内外发展因素均不利的情况下，“昌九一体化”建设中如何减少发展短板的影响，如何规避外在不利发展因素。在“昌九一体化”的SWOT分析中，主体包含了南昌、九江以及视南昌和九江为整体的昌九，甚至包含整个江西省。由于主体内涵的变化，故存在不同主体内外条件的变化，以及相应的不同主体的战略差异。

（一）“昌九一体化”SO战略

“昌九一体化”建设中的发展优势是南昌和九江所拥有的有利于“昌九一体化”的发展要素。这些发展要素总体上是与江西尤其是昌九面临的发展机遇相吻合的。如何有效利用昌九发展的机遇，更好地发挥自身优势推进“昌九一体化”是SO战略的重要目标要求（见表1）。

表1　“昌九一体化”SO战略

项目	优势（Strength）	机遇（Opportunity）
SO战略	（1）南昌的区位优势； （2）九江港口门户优势； （3）较好一体化的前期基础，共青城成为省直管市； （4）昌九同文同祖； （5）昌九后发优势； （6）鄱阳湖将昌九联为一体	（1）我国进入发展新常态； （2）长江经济带新战略； （3）长江中游城市群建设； （4）中部崛起战略； （5）“大南昌都市圈”战略； （6）东部沿海产业转移加快； （7）电商、物流等新业态兴起； （8）区域合作与一体化成为区域发展新趋势

续表

项目	优势（Strength）	机遇（Opportunity）
SO 战略	（1）基于科学发展和可持续发展理念进行“昌九一体化”建设规划与战略定位，探索新常态发展路径，建设新常态示范省和示范市。 （2）打造“北庭南院”的昌九城市格局，发挥九江长江门户以及对接武汉城市群、沟通长江中游城市群的区位和水上优势，将九江打造成为对接武汉城市群、中部各省、京九各省市、长江经济带、长江中游城市群的门户城市，南昌进一步做大做强首善之区。 （3）以共青城为“昌九一体化”的战略支点，建设以共青城为核心的国家级高新技术产业集聚的昌九新区，并在共青城设立副省级的昌九新区管委会；最终将昌九新区建设成为南昌和九江合作共建的昌九新城，使昌九新区达到各自再造一个南昌和九江的经济总量。 （4）重点支持、大力发展沟通和辐射中部六省、长江经济带、京九沿线、长江中游城市群的电子商务，在九江形成电商、淘宝、快递物流的产业集群，建设专业淘宝村、淘宝镇，使电商、淘宝服务、快递物流成为昌九地区的支柱产业。 （5）挖掘昌九文化和历史内涵，加强昌九交流无障碍设施和便利服务建设，统筹昌九文化、社会、教育、基础设施建设。 （6）“昌九一体化”的同时逐步展开以鄱阳湖为纽带的环鄱阳湖城市群的一体化建设	

（二）“昌九一体化”ST 战略

昌九发展面临的外部挑战和威胁，主要源于昌九以及整个江西发展较周边省市落后，导致外部发展环境越来越恶化，发展地位和处境堪忧。而这正是“昌九一体化”希望能扭转的发展局面。这种发展颓势的扭转须建立在南昌和九江合作共赢的基础上，通过“昌九一体化”提升昌九的整体竞争力和话语权（见表 2）。

表 2　　“昌九一体化”ST 战略

项目	优势（Strength）	挑战（Threats）
ST 战略	（1）南昌的区位优势； （2）九江港口门户优势； （3）较好一体化的前期基础，共青城成为省直管市； （4）昌九同文同祖； （5）昌九后发优势； （6）鄱阳湖将昌九联为一体	（1）进位赶超难度增大，而被赶超的压力则越来越大； （2）昌九竞争关系大于合作关系； （3）资源、市场以及相应的人员和人才外流风险； （4）核心城区空间距离过大，而财力过小； （5）市场参与和推动不力； （6）现有的行政体制障碍
	（1）“昌九一体化”必须上位强力推动，集全省之力建设昌九。由省长牵头负责“昌九一体化”和昌九新区建设。确立江西省新的发展思路，即实现江西发展升级、进位赶超则应首先确保南昌和九江发展升级、进位赶超。为此，江西省的发展战略应以昌九发展战略为核心和重心。 （2）“昌九一体化”建设应突出重点，即以昌九新区为重点；优先进行不需要增量资金投入的软环境一体化，即优先进行通信、教育、公共交通、户籍、医保、社保等的一体化。 （3）通过工资制度改革，提高公务系统、事业单位系统以及专业技术人员的薪酬，其标准以发达省份的平均水平为准，且高端人才引进吸引优势应主要建立在住房条件、生活环境和生态人文等方面	

续表

项目	优势（Strength）	挑战（Threats）
ST 战略	（4）放宽“昌九一体化”建设中民营、港澳台、外资等准入条件，通过多种形式提供优惠条件和政策引导企业在昌九新区投资经营。加快国有企业股份制改革，通过产权改革激活存量国有资产，通过对外合作提升国有企业技术水平和创新能力。 （5）进一步减少行政审批和放权让利，激活地方参与“昌九一体化”建设的积极性、主动性与自主性	

（三）“昌九一体化”WO 战略

南昌和九江发展优势是相对于江西省整体发展水平而言所具有的相对优势，但南昌和九江以及整个江西省的发展劣势则是绝对的，是多年发展逐渐累积而成的。昌九发展面临的新机遇对扭转昌九发展劣势带来了前所未有的机遇。为此，昌九应借助外部力量来弥补自身发展的不足和短板，应及时抓住稍纵即逝的发展机会，重点攻关，使其成为江西发展升级的突破口（见表 3）。

表 3　“昌九一体化”WO 战略

项目	劣势（Weakness）	机遇（Opportunity）
WO 战略	（1）发展程度不高，经济总量较小； （2）城市化进程不高，人气不足； （3）南昌辐射力有限，九江港口发展不足； （4）发展观念落后，创新不足，生态资源不能转化成生态优势； （5）粮食安全的主体功能制约工业化和城市化	（1）我国进入发展新常态； （2）长江经济带新战略； （3）长江中游城市群建设； （4）中部崛起战略； （5）“南昌大都市圈”战略 （6）东部沿海产业转移加快； （7）电商、物流等新业态兴起； （8）区域合作与一体化成为区域发展新趋势
	（1）“昌九一体化”应立足于全方位的对内对外开放，发挥九江港口优势联通国内外市场，积极争取在九江沿江经济区建立自由贸易区，逐渐将昌九地区打造成为自由市场的典范。 （2）积极融入长江中游城市群，协调与武汉城市圈和长株潭的城市分工的产业分工，共同做大长江中游城市群，使其成为全国增长的第四极。 （3）创新发展理念主动承接东部沿海的产业转移，大力发展生态经济、生态农业，使昌九地区成为我国生态经济、生态农业、农业现代化的典范。 （4）借助长江水道、京九铁路枢纽、沪昆高铁、昌九机场等综合交通枢纽，打造辐射全国的综合物流快速交通体系。 （5）加大粮食加工、生态粮食、生态食品的品牌建设，培育一批在全国具有较高知名度的食品、饮品、食品保健、生态食品、粮油以及特色零食等企业，并在昌九地区形成从农业生产、粮食加工、食品制作、市场销售等完整的产业链	

（四）“昌九一体化”WT战略

“昌九一体化”建设面临自身发展劣势以及外部的挑战。自身发展的不足再加之外部环境的不利因素影响可能导致“昌九一体化”功亏一篑。为此，必须审慎对待“昌九一体化”面临的劣势和挑战。WT战略要求在外部不利和自身不足的情况下推进“昌九一体化”。这就要求各级政府应有创新式的发展思维、前瞻性的发展理念以及能推到一切阻碍的担当和勇气，既不能墨守成规、亦步亦趋，更不能好高骛远、脱离实际（见表4）。

表4　“昌九一体化”WT战略

<table>
<tr><th>项目</th><th>劣势（Weakness）</th><th>挑战（Threats）</th></tr>
<tr><td rowspan="2">WT战略</td><td>（1）发展程度不高，经济总量较小；
（2）城市化进程不高，人气不足；
（3）南昌辐射力有限，九江港口发展不足；
（4）发展观念落后，创新不足，生态资源不能转化成生态优势；
（5）粮食安全的主体功能制约工业化和城市化</td><td>（1）进位赶超难度增大，而被赶超的压力则越来越大；
（2）昌九竞争关系大于合作关系；
（3）资源、市场以及相应的人员和人才外流风险；
（4）核心城区空间距离过大，而财力过小；
（5）市场参与和推动不力；
（6）现有的行政体制障碍</td></tr>
<tr><td colspan="2">（1）“昌九一体化”建设不能走盲目扩张式、“鬼城”式、粗放式、没有产业支撑的城市建设路径，城市建设应着力于城市内涵和城市特色的打造，不能贪图快以及华而不实的城市建设，否则“昌九一体化”建设将成为新的赶时髦的工程。江西的发展地位和水平已容不得半点折腾和失败，否则江西将再次错失当前良好的发展机遇，与周边省市差距越来越大。
（2）江西省各级领导应具有强烈的追赶意识，应具有敢作敢为、锐意进取的创新意识和强大的执行力。由于江西包括南昌和九江各项发展指标均较为落后，基础薄弱，为此能否加快赶超步伐，关键在各级政府领导尤其是各级政府“一把手”的领导。故政府领导的发展进取心以及创新能力、执行力决定了一个地区经济社会发展的成功与否。
（3）加强江西省各级政府及企事业单位廉政建设，防止集团式腐败和“一把手”腐败，确保发展规划、开发计划以及重点项目和工程不因领导换届或领导偏好而改变。
（4）鼓励和扶持外出务工人员以及成功人士回乡创业和投资，重视并加强赣籍劳工、人才的回流工作。
（5）统筹城乡发展，建设幸福乡村，引导农民就地就业、就地安居</td></tr>
</table>

三、对策与建议

综合“昌九一体化”建设的SO战略、ST战略、WO战略和WT战略，对于“昌九一体化”建设可获得以下对策建议及启示。

（一）将“昌九一体化”作为江西新发展最重要的支撑

“昌九一体化”关涉江西能否最终实现进位赶超，但“昌九一体化”建设必须量力而为，不应急功近利。应基于科学发展和可持续发展理念进行“昌九一体化”建设规划与战略定位，探索新常态发展路径，建设新常态示范省和示范市。当前我国已进入区域合作与开发的新高潮，城市盲目扩张现象异常突出。在我国城市化热潮下江西应该“冷思考”，坚决摒弃盲目跟风、大肆扩张、粗放式、没有产业支撑的城市建设路径，应着力于城市内涵和城市特色的打造，不能贪图快以及华而不实的城市建设，坚决避免“昌九一体化”成为新的赶时髦的面子工程，沦为噱头。避免被房地产商借“昌九一体化”进行概念炒作，抬高基建、土地成本，哄抬房价，影响昌九新区以及一体化建设区域的人气，坚决杜绝空城、“鬼城”在昌九地区出现。鉴于目前江西在全国的发展地位和水平，举全省之力建设的“昌九一体化”容不得半点折腾和失败，否则江西将彻底丧失进位赶超和发展升级的最佳历史机遇期，江西以及南昌和九江与周边省市差距将越来越大。

（二）“昌九一体化”要近期规划和远期规划相结合

应以昌九新区为着力点和主战场，将“昌九一体化”与环鄱阳湖城市群一体化相结合。在“昌九一体化”中应以共青城为“昌九一体化”的战略支点，建设以共青城为核心的国家级高新技术产业集聚的昌九新区，并在共青城设立副省级的昌九新区管委会。最终将昌九新区建设成为南昌和九江合作共建的昌九新城，使昌九新区达到各自再造一个南昌和九江的经济总量。充分发挥九江长江门户以及对接武汉城市群、沟通长江中游城市群的区位和水上优势，将九江打造成为对接武汉城市群、中部各省、京九各省市、长江经济带、长江中游城市群的门户城市，打造“北庭南院”的昌九城市格局，南昌则进一步做大做强首善之区。在长江中游城市群中南昌和九江经济总量加起来也不足其他省份一个省会城市的经济总量，为此在“昌九一体化”建设的同时应逐步展开以鄱阳湖为纽带的环鄱阳湖城市群的一体化建设。最终以环鄱阳湖城市群而不仅是昌九双城融入长江中游城市群。同时应积极参与武汉城市圈和长株潭的城市分工的产业分工，借武汉城市圈和长株潭城市群的“势”和“力”做大做强昌九和环鄱阳湖城市群，共同将长江中游城市群打造成为全国增长的第四极。

（三）打造昌九电子商务产业集群

要构建辐射全国的高铁、航空快递物流体系，形成一批彰显生态和绿色农业的特色产业品牌。电子商务是正处于快速发展阶段的新兴产业，正逐渐演变为一场影响人民生活和生产模式的产业革命。昌九地区是我国市场腹地的交通枢纽，为此在“昌九一体化”建设中应重点支持、大力发展沟通和辐射中部六省、长江经济带、京九沿线、长江中游城市群的电子商务，在九江形成电商、淘宝、快递物流的产业集群，建设专业淘宝村、淘宝镇，使电商、淘宝服务、快递物流成为昌九地区的支柱产业。借助长江水道、京九铁路枢纽、沪昆高铁、昌九机场等综合交通枢纽，打造辐射全国的综合物流快速交通体系。立足江西生态和农业主体功能，大力发展生态经济、生态农业，使昌九地区成为我国生态经济、生态农业、农业现代化的典范。加大粮食加工、生态粮食、生态食品的品牌建设，培育一批在全国具有较大知名度的食品、饮品、食品保健、生态食品、粮油以及特色零食等企业，并在昌九地区形成从农业生产、粮食加工、食品制作、市场销售等完整的具有江西特色的产业链。

（四）要高位推动并集全省之力建设“昌九一体化”

确立江西省新的发展思路，将“昌九一体化”建设作为江西发展升级、进位赶超的战略支点，把再造南昌和九江作为江西绿色崛起新的支撑。没有南昌、九江的突破和赶超，就没有江西的进位赶超。为此，江西省的发展战略应以昌九发展战略为核心和重心。江西省各级领导应具有强烈的追赶意识，应具有敢作敢为、锐意进取的创新意识和强大的执行力。由于江西以及南昌和九江各项发展指标均较为落后，基础薄弱，为此能否加快赶超步伐，关键在各级政府领导尤其是各级政府的“一把手”。故政府领导班子的发展进取心以及创新能力、执行力决定了一个地区经济社会发展的成功与否。在“昌九一体化”建设中应加强江西省各级政府及企事业单位廉政建设，防止集团式腐败和“一把手”腐败，确保发展规划、开发计划以及重点项目和工程不因领导换届或领导偏好而改变，这是“昌九一体化”成败的最重要保障。

（五）“昌九一体化”应以改革激发活力、以开放推动一体化

挖掘昌九文化和历史内涵，加强昌九交流无障碍设施和便利服务建设，统筹昌九文化、社会、教育、基础设施建设，优先进行不需要增量资金投入的软环境一体化，即优先进行通信、教育、公共交通、户籍、医保、社保等的一体化。进一步减少行政审批和放权让利，激活地方参与“昌九一体化”建设的积极性、主动性与自主性。放宽“昌九一体化”建设中民营、港澳台、外资等准入条件，通过多种形式提供优惠条件和政策引导企业在昌九新区投资经营。加快国有企业股份制改革，通过产权改革激活存量国有资产，通过对外合作提升国有企业技术水平和创新能力。立足于全方位的对内对外开放，发挥九江港口优势联通国内外市场，积极争取在九江沿江经济区建立自由贸易区，逐渐将昌九地区打造成为自由市场的典范，发挥昌九地区对台、对

港的开放优势，可借鉴新加坡苏州工业园区建立对港对台工业园区。创新发展理念主动承接东部沿海的产业转移，或者建立沿海工业飞地或产业飞地。

（六）要充分挖掘江西的自然和生态优势以及经济上的后发优势

要铸就新的优势和特色，吸引高端人才和劳动力的回流，提升“昌九一体化”建设的人气。江西尽管不能算是人口大省，但江西自身的人力资源和人口足以支撑江西的发展升级。江西毗邻东部沿海的独特区位长期以来并未成为江西快速发展的现实优势，反而成为导致江西人口输出、人才流失、人气丧失的劣势。当前，江西具备扭转这种趋势的大好时机。江西应以昌九地区为试点，在昌九地区大力提高公务系统、事业单位系统以及专业技术人员的薪酬，其标准以发达省份的平均水平为准。且高端人才引进吸引优势应主要建立在宽敞舒适的住房条件、悠闲宜居的生活环境和生态人文等方面。鼓励和扶持外出务工人员以及成功人士回乡创业和投资。全面放开昌九地区的城镇户籍，以城镇教育和医疗优势吸引赣籍劳工、人才回赣工作。统筹城乡发展，建设幸福乡村，引导农民就地就业、就地安居。总之，要敢于在省级政府权限内在南昌和九江地区或昌九新区内实施一切能提升发展人气的特殊政策，铸就“昌九一体化”的新优势。

参考文献

［1］张百平、陆大道：《国家生态特区构想及其科学基础》，载《地理科学进展》2006 年第 2 期，第 8 – 16 页。

［2］曾巧生、高建设：《基于产业分工的昌九经济一体化研究》，载《江西行政学院学报》2013 年第 10 期，第 57 – 59 页。

［3］李松志：《昌九一体化背景下九江市的定位与发展》，载《九江学院学报（自然科学版）》2014 年第 3 期，第 13 – 18 页。

［4］占美森、樊耀星：《基于昌九一体化背景下的九江市新型城镇化 SWOT 分析及对策研究》，载《九江学院学报（自然科学版）》2017 年第 9 期，第 5 – 8 页。

［5］付海风、张鹏飞：《新常态下“昌九一体化”进程中南昌旅游业发展研究》，载《中国国际财经（中英文）》2018 年第 1 期，第 113 页。

［6］程烈：《“昌九一体化”影响下的南昌旅游业发展研究》，载《合作经济与科技》2014 年第 12 期，第 51 页。

［7］赵军凯、刘传明：《对昌九双核一体化发展的思考》，载《宜春学院学报》2017 年第 5 期，第 42 – 45 页。

[8] 熊泽榕:《区域共生视角下昌九一体化发展现状评价及对策研究》，江西师范大学硕士论文，2016 年。

Research on Construction of "Integration with Nanchang and Jiujiang" from the Perspective of Regional Integration

—Based on SWOT Model

Hu Xueying

Abstract: The construction of "Integration with Nanchang and Jiujiang" is not only the development needs of Nanchang and Jiujiang, but also the strategic deployment of the entire Jiangxi development opportunities and challenges. In the end, it is necessary to carry out a systematic analysis of the internal and external factors, conditions and situation of "Integration with Nanchang and Jiujiang", so as to consider the integration path and scientific countermeasures. The article adopts the SWOT analysis model widely used in academia, systematically presents the internal and external development opportunities, challenges and situations facing "Integration with Nanchang and Jiujiang" as a whole, and proposes on the basis of SWOT attribute analysis of "Integration with Nanchang and Jiujiang". The strategy and development path of "Integration with Nanchang and Jiujiang".

Key words: "Integration with Nanchang and Jiujiang" SWOT model Strategic analysis

任职限制、年龄约束与经开区官员引资动力研究*

张 伟**

摘 要： 本文以2010~2015年90个经开区面板数据为样本，从经开区的视角研究了任职限制、年龄约束与官员引资动力的关系。研究发现，地方官员在晋升压力下，按照县处级以上领导晋升的任职规定，以最低任职2年或3年划分，任职限制将对官员形成异质性的引资动力。除任职限制影响外，进一步研究发现，年龄约束也对官员引资动力产生了差异化作用。以50岁为界，官员在大于或小于该年龄时的引资动力并不相同，具体表现为任职限制、年龄约束指标与被解释变量外资依存度表现出正向或负向的关系。在此基础上，加入经开区官员更替虚拟变量后，仅东部经开区官员的上述两项指标保持了一致，但总体样本和中西部样本并不显著，并且官员更替显著与外资依存度负相关，这也证明了任职限制、年龄约束及更替与官员引资动力存在区域差异。

关键词： 任职限制 年龄约束 经开区官员 引资动力

一、引 言

在新时代背景下，党的十九届四中全会提出推进国家治理体系和治理能力现代

---

* 基金项目：国家社科基金一般项目“中国人口结构转变、养老保险参量调整与公平经济增长匹配研究”（17BJL097）；中蒙俄经济走廊研究协同创新中心项目“新冠肺炎疫情冲击下的内蒙古产业扶贫模式及长效机制研究”（ZMEY202022）。

** 作者简介：张伟（1979~），内蒙古包头人，内蒙古财经大学经济学院副教授，经济学博士，研究方向为区域经济学。

化。国务院加快推进政府体制改革，逐步将更多的审批权下放地方，地方政府在我国经济社会发展中发挥更重要的作用。国家经济技术开发区（以下简称“经开区”）是政府推动下的地域发展模式，首批经开区是1984年中央政府顺应改革开放需要设立的。与普通行政区域不同，它承担了改革开放政策“试验田”和吸引外资等重要使命。2018年，全国219个经开区实际使用外资和外商投资企业再投资金额为513亿美元，同比增长5.5%，占全国吸收外资的比重约1/5①。经过40多年的改革开放，经开区成为设立数量最多的国家级开发区②，成为中国改革开放的前沿、强劲的经济增长点、外向型经济的主阵地[1]。

经开区属于政策性区域，管理机构体制的形式主要以省市派驻的管委会为主③。与普通行政区相比，经开区党工委、管委会“一把手”④ 承担的管辖范围、事务更加具体，职责更加明确，体现与普通行政区不同的治理特征。例如，如果把经开区比作建设区域大项目，经开区“一把手”似乎更像大项目经理，“招商引资”堪称第一要务。从哈罗德-多马模型看，输入性资本是驱动区域经济增长的关键；从官员生命周期或职业生涯的角度出发，不同层级官员存在着晋升诉求，任期或年龄又会对官员的引资动力产生何种影响呢？参考《党政领导干部选拔任用工作条例》，对党政领导的任期及岗位任职都有明确规定，从某种角度看，似乎又会对官员的引资动力形成不同的激励。

当前关于经开区的研究涉及区位选择[4]、产城融合[5]和经开区转型升级等[3]，并未深入到政府治理角度，特别是对主政官员的治理。同时，相关学者针对政府官员治理特征的研究形成了理论成果，如“晋升锦标赛”理论[4]、政府间M型结构等理论[5]。“晋升锦标赛”理论对解释官员治理行为提供了视角，如经济增长与官员任期[6,7]，地方官员为实现晋升甚至搞GDP数据注水[8]。随着中央考核指标的变化，在面对相互冲突的任务，如保证经济增长与保民生、保环境等问题之间产生冲突时，个别地方官员存在着“不作为、懒政、怠政”等现象[9]。上述地方官员治理特征既有体制因素，也有官员的主观因素。但也反映了制度设计仍存在着不断改进的空间。

综上所述，从政府官员任期5年一届出发选取2010~2015年90个经开区样本作

---

① 《2018年国家级经济技术开发区主要经济指标情况》，商务部网站，http://ezonc.mofcom.gov.cn/article/n/201905/20190502862821.shtml。外资含外商直接投资和其他投资。

② 国家发改委发布的中国开发区审核公告目录（2018年版）。

③ 经开区的管理体制主要采取了政府主导管理模式、企业运作管理模式和政企合一管理模式（郭小碚，2007），包含经开区在内的各级开发区体制多采用“开发区托管行政区”。多数经开区党工委、管委会作为一级管理机构行使管理权限，这种管理体制有利于更高效地加快区域的开发建设。

④ 经开区党工委、管委会主要领导是指管理委员会党工委书记，有些可能是地方的区委书记，本文用“一把手”代表。

为研究对象，采用实证研究的方法探索经开区官员任职限制、年龄约束与引资动力的关系。主要的贡献在于：从特殊政策区域经开区的视角探索了任职制度对地方官员治理的影响，从政府管理层面更好地推进经开区的改革开放。下文结构安排如下：第二部分为文献综述并延伸出基本假说；第三部分为研究设计，包括样本选取、数据来源、样本官员特征的统计分析、变量选择及模型设立等；第四部分为回归分析及稳定性检验；第五部分为结论及政策建议。

二、文献综述及理论假说

（一）文献综述

国内外学者围绕官员治理进行了深入研究，主要是从官员任期、更替、交流、来源、去向等方面展开，很多研究同时考虑了任职官员的年龄、学历、籍贯等影响。

学界可能最早关注官员任期，而且长期以来研究热度始终不减，从官员任期与晋升、任期与更替、任期与交流等不同角度展开。国外资本主义国家研究人员更早开展任职限制对经济影响的论证。如贝斯利（Besley）等以 1950～1996 年美国州长竞选为研究对象，分析了任职限制与选民、税收及经济增长的关系[10]。约翰逊（Johnson）等以 48 个民主国家的跨国数据为研究对象，实证研究了任职限制与财政绩效具有相关性，一届任期制政府比两届或无限期政府治理下的经济增速更快[11]；加西亚维加（Garcia－Vega）等借助西班牙 1980～1998 年间区域的数据验证了官员任期与经济增长存在负相关关系[12]。

我国对官员治理的研究，较早出现的文献也是关于官员的晋升与相对绩效考核之间的关系[13]。周黎安教授将经济增长背后的官员晋升竞赛称之为“晋升锦标赛”[4]。此后，更多学者从实证的角度验证了地方官员任期与经济增长的关系。如张军、高远以 1978～2004 年省委书记和省长任职的省级面板数据研究了官员任期与经济增长的关系，提出省级地方官员任职限制与经济增长呈倒“U”形关系理论[14]。以此为基础，王贤彬、徐现祥研究了倒“U”形背后的原因是在晋升的激励下，地方官员会受到职位适应、任期波动、晋升可能以及政策滞后等因素的影响[15]。顾海兵、雷英迪进一步以 2002～2011 年 264 个地级市主要领导为研究对象，从平均任期的角度研究了其与辖区经济增长的关系，结果发现市级层面官员的平均任期长度与辖区人均 GDP 增速呈正相关关系[16]。余泳泽、杨晓章从“官出数据，数据出官”现象出发，研究了官员任期与经济增长目标制定存在相关性，在市委书记和市长间、不同区域间以及不同的政治周期等情况下，这种相关性存在差异。上述研究目的、研究结论不同，但可以说明，“晋升锦标赛”下官员任期势必会对经济增长产生差异化的影响[17]。

除任期对宏观经济增长的影响外，很多研究进而围绕官员任期与投资、信贷和企业主体关系展开。如省级信贷投放和固定资产投资都随省委书记、省长任期呈倒“U”形变化，转折点为三至四年[18]。随着经济发展的不同阶段，中央政府会对考核的标准、机制进行相应调整，如将民生、环保等纳入考核体系。罗党论等研究了地方官员任期与民生投入的关系，发现地方官员任期与民生投入呈倒“U”形关系[20]。官员任期预期短，容易造成短视行为，不利于辖区环境的改善[21]。

上述任期与经济社会发展关系均是基于晋升理论，该理论是理解官员任期现象的一把钥匙。相关研究将晋升竞赛下的任期描述为弹性任期，领导干部任期类似于一种“试用期”[10]。

官员任期与更替相伴。国内外学者研究了官员更替对经济形成的影响。如国家领导人更替会影响政策选择，从而影响经济增长绩效[22]；官员更替后的政策不确定是导致经济不景气以及金融危机的重要因素[31,32]。从企业角度看，官员的更替容易使企业观望，甚至减少投资[33,34]。特别是，跨国投资在选取投资地以及投资规模时会更加慎重，政策不确定性将影响跨国公司的投资决策[23]。国内研究也同样关注了与任期相伴的官员更替现象。如省级主要领导的更替对经济增长存在负向影响，但影响是短期的[6]；刘琳、郑建明以 1997 ~ 2014 年省级面板数据进一步验证了地方官员变更下政策的不确定性显著降低当年的外商直接投资[24]。近年来，国家重视对环保的考核，但官员变更容易加重雾霾污染的水平[25]。

文献综述主要回顾了官员任期及与之相关的年龄、更替如何影响经济社会发展。现有研究揭示了经济增长背后强大的晋升压力及随之产生的副作用——地方官员行为的短视化。同时，相关文献也论证了地方官员任期短、更替频繁下的政策不确定性可能是经济波动的重要因素。但毋庸置疑的是，当前地方官员治理研究多从省市主要领导如省委书记、省长，市委书记、市长的层面研究其治理特征，鲜有对县、镇、乡、村等微观的经验分析[26]，针对政策型区域官员治理的研究尚未发现。一方面，政策型区域官员层级低于省市研究对象，比省市主政官员级别更低，研究数据搜集的工作较为困难、繁重；另一方面，经过整理发现，以经开区为代表的国家级开发区多数是在 2010 年之后以新设或升级的方式批准设立的，前期样本可能相对较少，很难进行实证分析。同时，现有关于官员任期的研究主要发现的规律是官员在晋升压力下任期不稳定，从而导致政策的不稳定，尚未从任职限制、年龄约束角度进行深入细致的研究。本文基于经开区在新时代肩负着对外开放的历史使命，参考官员治理的研究方法，研究经开区官员任职限制、年龄约束与官员的引资动力关系，进一步从特殊政策区域的视角丰富完善地方官员治理和经开区发展。

（二）理论假说

1. 制度背景

2006年，中共中央办公厅印发《党政领导干部职务任期暂行规定》（以下简称《暂行规定》）、《党政领导干部交流工作规定》、《党政领导干部任职回避暂行规定》等三个法规文件，《暂行规定》明确党政领导职务每个任期为5年，党政领导干部在任期内应当保持稳定。除特殊情况，应当任满一个任期。但在特殊工作需要等特殊情况下除外，这为领导干部的弹性任期提供了制度基础。党的十八大以来，为更好地选拔人才，中共中央于2019年3月印发了修订后的《党政领导干部选拔任用工作条例》（以下简称《干部任用条例》），《干部任用条例》明确指出提任县处级以上领导职务，由副职提任正职的，应当在副职岗位工作2年以上；由下级正职提任上级副职的，应当在下级正职岗位工作3年以上。因此，领导干部提任的任期条件至少应为2～3年，本文将其称为任期限制。

同时，《干部任用条例》明确了干部交流，交流重点对象是地方党委和政府的领导成员等，原则上领导干部应任满一届；为培养锻炼年轻干部，有计划地派经历单一或者缺少基层工作经历的“年轻”干部到基层、艰苦边远地区和复杂环境下工作，但要坚决防止“镀金”思想和短期行为①。《干部任用条例》对官员交流的对象以及条件做了明确的规定。参考相关研究，厅级干部的年龄约束为60岁[19]。经开区官员往往兼任所在地市常委，一般地市级经开区“一把手”应属于副厅级干部。上述政策规定构成了地方政府领导干部任期变化的重要制度基础。

2. 假说推理

1994年，党中央对我国的财政体制进行改革，实施分税制。分税制改革的一个后果是财权由下级逐级向上级集中，事权由上级逐级向下级转移，因此基层财政面临着巨大财政压力。财政分权的另一个后果是地方政府之间从计划经济时的“兄弟关系”过渡为两个相对独立的经济主体的关系，且地方官员积极参与晋升博弈，使地方政府之间面临着“非进即退”的晋升压力[27]。“晋升锦标赛”理论、“政府间M型结构”等理论是解释我国政府结构及地方政府官员行为的重要理论基础。

政府官员体系是金字塔结构，下级官员面临着横向和纵向的晋升压力，已有研究证明在官员间形成了“晋升锦标赛”。一方面，财政分税改革对地方政府产生了财政压力，地方官员需要努力招商引资，提高经济绩效；另一方面，尽管地方政府领导干

---

① 《中共中央印发〈党政领导干部选拔任用工作条例〉》，http：//www.12371.cn/2019/03/17/ARTI1552825567208273.shtml。

部任期规定为5年一届，但干部任职限制规定有例外；还可出现干部交流、挂职锻炼等情况。因此，从当期关于领导干部任期的研究发现，省市领导干部任期已然演变为“弹性任期”。当法理上的固定任期在实际中陷入执行困境，必然引起官员行为的深刻调整和改变[28]。“功成必当在我”，新上任官员会有开辟新政绩的行为，有在短期内实现跨越式发展的客观需求[29]。

与传统的行政区存在差别，经开区是经地方政府申请，由中央政府批准的国家级开发区，正如前面所述，经开区管理体制及主要领导的产生也不同，主要领导“一把手”多数为上级省或市从其他部门或行政区选拔派任的干部。现有关于省市官员的研究，多数研究结论认为地方官员的平均任期也不会满足一个完整任期，大致在3~5年左右。从经开区官员任期情况看，类似西部某国家级经开区主要领导“一年一更替”似乎也不足为怪，经开区似乎又成为地方官员的跳板，称之为“跳板任期”。按照国家制度规定，参考现有研究成果，据此判断县处级以上副职领导升正职最低任期2年，下级升上级最低3年的任职限制会对官员形成不同的任期引资动力，在这里做进一步说明，本文将2年或3年称之为制度任期，也是官员晋升的最低任期要求，并提出以下假说：

H1：2年或3年的任期限制会对地方官员形成引资动力。在晋升竞争压力下，任期限制内或外的官员会形成异质性的引资动力，主要表现在任期虚拟变量与被解释变量外资依存度的不同关系。

H2：按照不同级别官员晋升对年龄的限制，厅级官员退休年龄为60岁，而年轻化也成为当前选拔干部的重要标准。地市级经开区官员一般为副厅级，年龄约束会对官员引资动力产生影响。除官员任期限制的影响外，年龄约束进一步对官员产生差异化的引资动力，表现为年龄虚拟变量与外资依存度呈正向或负向关系。

三、研究设计

（一）样本经开区的选取及数据来源

从1984~2009年，中央批准的国家级经开区数量仅为56个，商务部网站列示的219个①经开区中的大部分为2010年之后新设立或由省级升级而来，2015~2020年国

① 经开区数量来源于商务部官方网站，http：//www. mofcom. gov. cn/xglj/kaifaqu. shtml。据相关报道，酒泉经开区、宁夏石嘴山经开区已退出经开区序列。因此，经开区实际数量应为217个。https：//finance. sina. com. cn/china/gncj/2021－01－27/doc－ikftssap1283623. shtml？ wm＝5084622。

内再未新增经开区。同时，经开区是特殊的政策区域，仅有《中国开发区年鉴》记载了部分经开区的统计数据，涉及经开区官员特征的数据更需逐年进行搜索整理。从数据的可获得性、代表性、时效性及经开区发展的阶段性出发，本文选取了2010～2015年涉及全国28个省（自治区、直辖市）的90个经开区面板数据作为研究样本（因统计数据缺乏原因，在区域上未包含西藏、宁夏、青海及港澳台）。同时，该区间满足《干部任用条例》中关于党政领导职务每个任期为5年的时间跨度①，研究具有可行性。样本数据选取及来源包括以下几方面。

一是以《中国开发区年鉴》为主，《中国统计年鉴》、省市统计年鉴、经开区年度工作报告为补充。本文以《中国开发区年鉴》中已有经开区数据为基础进行数据的补充完善，2010～2015年该年鉴汇集了近86个经开区的主要经济发展数据，研究选取的90个经开区所在城市已基本覆盖了全国主要省会、直辖市、计划单列市和部分地级市及县级市。

二是现有关于经开区的研究是重要的样本参考依据。如郭曦、郝蕾以当年53个经开区中47个数据翔实的经开区为样本进行研究[30]；郑国、张延吉在《基于要素演替的国家级开发区转型研究》中选取了43个国家级经开区的面板数据进行了研究，取得了相应的显著性结论[3]。孔翔、顾子恒以2013年106个国家级经开区面板数据作因子分析和多元回归分析，探讨了各区位因素对经开区发展绩效的影响[2]。经开区与传统行政区相比，其设立具有阶段性和动态调整性，本文在样本和数据使用方面参考了上述研究。

三是2010年当年设立经开区60个，超过了1984～2009年经开区数量的总和。党的十八大后，晋升考核标准更加重视环保、民生考核比重，对官员任期、官员行为产生重要的影响。

省市层面官员可通过人民网地方官员库查询，经开区官员数据并未被记载其中，只能通过手工整理。主要来源包括：一是查阅了2011～2016年《中国开发区年鉴》，从所记载经开区组织机构中寻找经开区"一把手"任职官员，该年鉴记载经开区数据存在不连续情况，整理难度较大；二是通过百度搜索，按照经开区、年份及管委会党工委书记等关键字搜索经开区此期间任职官员特征；三是通过经开区官网、政府工作报告及年度经开区主要领导出席活动等线索确定任职官员；四是查阅省市统计年鉴的记载数据；五是电话咨询《中国开发区年鉴》编写单位、经开区管委会等。通过上述渠道搜集了90个经开区官员任期、年龄、籍贯及学历等特征，为本文的后续分析奠定了基础，但受信息局限性的影响，难以避免存在数据的谬误或缺失。

---

① 《党政领导干部职务任期暂行规定》，http：//cpc. people. com. cn/GB/64093/64387/4671315. html。

（二）样本经开区官员任期等统计特征以及外资依存度的关系

经过我们统计，本文所筛选的90个经开区2010～2015年共有195位官员任职经开区（政府、管委会或开发总公司）“一把手”，详细情况如表1所示。

表1　　经开区官员任期、年龄及学历情况

官员特征	数量（人）
2010～2015年任职官员总数	195
5年以上任期	35
3年以上任期	115
经开区官员出生年代：	
1950～1960年	53
1960～1970年	123
1970～1980年	16
学历分布：	
硕士以上学历	125
其中：硕士为党校学历	76

资料来源：2011～2016年《中国开发区统计年鉴》。

从表1的数据可以看出，经开区官员任期、年龄及学历特征包括：①5年任期以上任期官员为35位，占研究样本官员的18%。②从官员的年龄结构看，样本经开区官员以20世纪60年代出生为主。该阶段出生的人在2010～2015年正好处于40～55岁之间。年龄与晋升的关系会对官员的任期行为产生重要影响。③从官员的知识结构看，在195位经开区官员中，具有硕士以上学历的有125位，占总人数的65%，多数为党校进修取得，占硕士以上学历人员的60.8%。官员追逐高学历在一定程度上反映了晋升的高压对地方官员行为的影响，由经济绩效竞争转向学历等个人素质的激烈竞争。

外商投资不仅会带来资金，而且有利于提高地区的开放水平。现有研究用外资依存度，即FDI/GDP来衡量地区吸引外商投资的相对规模，并与外贸依存度之和构建对外开放度来表示开放程度[31]。本文研究的视角是政府官员治理，经开区是比传统行政区更能体现地方政府招商引资行为的地区，从历年经开区工作报告发现，招商引资工作都是年度工作的重中之重，但开发区统计年鉴并未对此数据进行连续的系统记载。FDI数据一方面可以从年鉴查询，另一方面能体现经开区官员积极吸引外资的行为，似乎更能体现官员主动性治理特征。考虑FDI绝对数值可能存在误差，而FDI/GDP是可以更好地衡量吸引外商投资的相对规模。因此，本文用 WZYC = FDI/GDP 指标，即外资依存度作为被解释变量进行研究。官员任期与外资依存度之间的关系可以用图 1 说明。

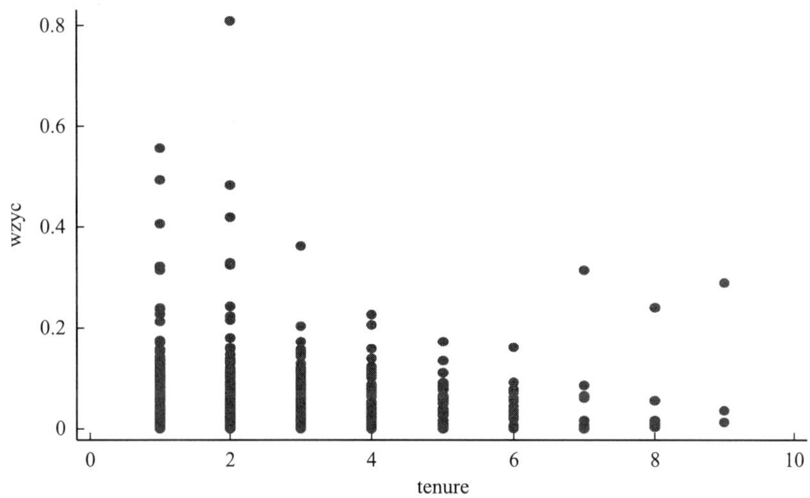

图 1　经开区“一把手”任期与外资依存度相关分析

从图 1 看，外资依存度指标大体随着官员任期的增加由左上方向右下方倾斜。据此粗略判断，经开区“一把手”官员任期与外资依存度存在着负向关系。任期第 2 年可能是个转折点，官员任职激励会受到任期预期的影响。结合前面关于任职限制、年龄约束的规定，转折点可能预示了不同的官员引资动力。

（三）变量选取及模型设立

如前所述，本文选取经开区外资依存度（WZYC = FDI/GDP）作为被解释变量来衡量地方官员的引资动力。

关于解释变量，按照前述官员任期、年龄约束以及职务更替的相关规定，设置任期限制虚拟变量、年龄虚拟变量作为解释变量。根据前面文献综述发现，官员更替是伴随官员任期、年龄的一个重要政策变量，三个变量具有相关性，如表 2 所示。

表 2　任期、年龄及更替相关性分析

项目	任期	年龄	职务更替
任期	1. 0000		
年龄	0. 3314	1. 0000	
职务更替	-0. 2597	-0. 0735	1. 0000

由表2可知，任期与年龄呈正相关，与官员更替呈负相关。随着官员任期的延长，官员的年龄必然增长，如果超越了提拔的关键年龄，实现任职晋升的概率将降低。从委托代理的角度分析，政府机构相当于委托人，地方政府主政官员“一把手”为机构的代理人；政府的责任目标是其管辖区域发展的绩效，代理人是通过地区绩效来表明自身的努力程度，区域绩效是晋升的砝码。代理人想要实现晋升须付出多样化的成本，其中年龄增长是所有竞争官员都无法回避的显性成本。当年龄超过晋升年龄而未实现晋升，官员前期努力并未达到理想目标，官员晋升预期会产生何种激励？因此，任职限制、年龄约束可能都将是官员任期引资动力的临界指标，对官员的引资动力产生差异化影响。为此，设置任期、年龄及官员更替虚拟变量作为解释变量。具体含义为：

（1）任期虚拟变量：参照官员晋升的任期规定，提任县处级以上领导职务，由副职提任正职的，应当在副职岗位工作2年以上；由下级正职提任上级副职的，应当在下级正职岗位工作3年以上。参考张军、高远相关研究[14]，如果官员在6月之前离任，任期结束年为上年；反之，则认为是当年离任。设置任期虚拟变量 $tenure_{it}$，制度任期分别为2年、3年及5年，以2年为界设置 $tenure_{it} \leqslant 2$ 为1，否则为0；以3年为界设置 $tenure_{it} \geqslant 3$ 为1，否则为0；以5年为分界设置 $tenure_{it} \geqslant 5$ 为1，否则为0。

（2）年龄约束虚拟变量：按照厅级官员60岁退休，官员可能在55岁就会退居二线。参考前述官员任期年龄统计，主体年龄是40～55岁之间，从总体数据判断平均年龄应该在50岁左右。因此，50岁左右可能是此级别官员最后的晋升机会，官员应该较为重视。因此，设置官员年龄约束虚拟变量 age_{it}；按照年龄≤50和年龄≥50划分为两种情况。一是官员年龄≤50岁为1，否则为0；二是官员年龄≥50为1，否则为0。

（3）官员更替虚拟变量：官员更替与任期呈负相关性，相关研究也证实官员更替导致的政策不确定性对外商投资具有影响。为此，设置官员更替虚拟变量 $change_{it}$，当年6月前发生官员更替，则更替年为上年，记为1，否则为0；6月后发生更替，本年记为1，否则为0。

在确定被解释变量、解释变量基础上，控制变量主要从以下两方面加以考虑：

一是官员个人特征的控制变量。除官员年龄虚拟变量外，官员的学历（education）反映了官员的知识水平，对其行为预期会产生影响；从相关研究发现，官员籍贯（native）对官员的偏好具有相关性[32]。因此，本文选取官员的学历、籍贯作为重要的控制变量。两变量分别做如下设置：学历虚拟变量 $education_{it}$，考虑硕士以上学历占比水平较高，设置硕士以上学历为1，否则为0；官员所在经开区与籍贯地属于同一城市为1，否则为0。

二是主要的经济控制变量。首先，考虑经开区财政收入占 GDP 的比重，用 revzb 来表示。从财政分权看，经开区财政收入占 GDP 的比重将可能对官员晋升压力有不同影响，进而影响官员的引资行为；其次，固定资产投资占 GDP 的比重，用 invzb 来表示，它反映了地区的相对投资水平；第二产业增加值（也称为工业增加值）、第三产业增加值分别占 GDP 的比重是产业结构的重要指标，两个产业占比指标分别用 numstr2 和 numstr3 来表示；参考相关研究，用进出口总额与 GDP 比值的外贸依存度代表地区的对外开放水平，用 wmyc 来表示。投资水平、产业结构及开放程度是决定区域外商投资规模的重要经济指标。在此基础上，从业人员决定了劳动力供给程度，经开区所在城市的 GDP 水平是城市规模的具体表现，代表了所在区域的经济发展水平。

在选定变量的基础上，从前面假设和稳定性的角度出发，设置回归方程（1）~方程(3）如下：

$$WZYC_{it} = a_{it} + \alpha tenure_{it} + \beta education_{it} + \gamma native_{it} + \theta control_{it} + \mu_i + \varepsilon_{it} \tag{1}$$

$$WZYC_{it} = a_{it} + \alpha tenure_{it} + \varphi age_{it} + \beta education_{it} + \gamma native_{it} + \theta control_{it} + \mu_i + \varepsilon_{it} \tag{2}$$

$$\begin{aligned} WZYC_{it} = a_{it} + \alpha tenure_{it} + \varphi age_{it} + \lambda changing_{it} + \beta education_{it} \\ + \gamma native_{it} + \theta control_{it} + \mu_i + \varepsilon_{it} \end{aligned} \tag{3}$$

参考相关研究，回归方程中，除虚拟变量外，对主要经济控制变量取对数。研究发现，中西部少数几个经开区并未有外商投资，即外商投资为 0，无法取对数，为此外资依存度变量仅用其比值。主要变量含义及其计算方式如表 3 所示。

表 3　　主要变量、含义及计算方式

变量名称	变量含义	计算方式
WZYC	外资依存度	Wzyc = FDI/GDP，FDI 按照当年的平均汇率换算
Tenure	经开区“一把手”任期	官员在本年度 6 月之前离任，任期计算年为上年；反之以本年为任期计算年
Tenure1	经开区“一把手”任期小于等于 2 年	Tenure1 ≤2，为 1；否则为 0
Tenure2	经开区“一把手”任期大于等于 3 年	Tenure1 ≥3，为 1；否则为 0
Tenure3	经开区“一把手”任期大于等于 5 年	Tenure1 ≥5，为 1；否则为 0
Age	经开区“一把手”年龄	单位：岁
Age1	经开区“一把手”年龄≤50	Age1 ≤50 岁，为 1；否则为 0
Age2	经开区“一把手”年龄≥50	Age2 ≥50 岁，为 1；否则为 0
native	经开区“一把手”籍贯	本地籍贯为 1，否则为 0
education	经开区“一把手”学历	硕士以上学历为 1，否则为 0

续表

变量名称	变量含义	计算方式
changing	经开区“一把手”更替	当年6月前发生官员更替，则更替年为上年，记为1，否则为0；6月后发生更替，本年记为1，否则为0
revzb	经开区财政收入占GDP比重	Revzb = revenue/GDP
invzb	经开区固定资产投资占GDP比重	Invzb = invest/GDP
Numstr2	经开区工业增加值占GDP比重	Numstr2 = industry adding/GDP
Numstr3	经开区服务业增加值占GDP比重	Numstr3 = serving adding/GDP
WMYC	经开区外向经济水平	Wmyc = (export + import)/GDP，export，import按照当年的平均汇率换算为人民币
employee	经开区年末从业人员	单位：万人
citygdp	经开区所在城市的GDP	当年实际数值，单位：亿元

借助STATA14.0对上述所有变量进行描述性统计，从而更清晰地理解变量特征，如表4所示。

表4　变量的描述性统计值

变量	观测值	平均值	标准差	最小值	最大值
wzyc	540	0.0627	0.0767	0	0.808
Tenure	540	2.631	1.651	1	9
age	540	51.04	4.526	37	61
Tenur1 (tenure≤2)	540	0.557	0.497	0	1
Tenure2 (tenure≥3)	540	0.443	0.497	0	1
Tenure3 (tenure≥5)	540	0.128	0.334	0	1
age1 (age≤50)	540	0.628	0.484	0	1
age2 (age≥50)	540	0.441	0.497	0	1
changing	540	0.350	0.477	0	1
education	540	0.593	0.492	0	1
native	540	0.235	0.425	0	1
lnrevzb	540	-1.663	0.531	-2.922	-0.0265
lnnumstr2	540	-0.342	0.231	-2.655	-0.00504
lnnumstr3	540	-1.649	0.724	-5.201	-0.559
lninvzb	540	-0.635	0.649	-2.789	1.483

续表

变量	观测值	平均值	标准差	最小值	最大值
lnwmyc	540	-0.937	1.274	-8.080	2.326
lnemploy	540	11.61	0.930	9.442	14.95
lncitygdp	540	8.223	0.851	6.062	10.13

四、回归分析及稳健性检验

（一）回归过程及结果分析

首先，验证假设 1，对方程（1）进行回归分析。多重共线性是影响回归稳健性的重要因素，因此对实证分析的变量进行多重共线性检验。经验证，Mean VIF 值为 1.34，远远小于 10，所有变量满足回归方程的要求。比较了随机效应模型、混合回归及固定效应模型，并采用豪森检验确定采用固定效应模型进行回归，同时控制年份时间和经开区地区因素。官员任期与经开区外资依存度回归结果如表 5 所示。

表 5　任职限制与经开区官员引资动力关系

变量	wzyc	wzyc	wzyc	wzyc
	Tenure≤1	Tenure≤2	Tenure≥3	Tenure≥5
	(1)	(2)	(3)	(4)
tenure	0.00180 (0.41)	0.00898** (2.07)	-0.00898** (-2.07)	-0.00387 (-0.55)
education	-0.00514 (-0.81)	-0.00606 (-0.96)	-0.00606 (-0.96)	-0.00534 (-0.84)
native	-0.000499 (-0.07)	-0.00180 (-0.26)	-0.00180 (-0.26)	-0.000764 (-0.11)
lnrevzb	0.00145 (0.15)	0.00199 (0.21)	0.00199 (0.21)	0.00136 (0.14)
lnnumstr2	-0.0463*** (-3.30)	-0.0464*** (-3.33)	-0.0464*** (-3.33)	-0.0473*** (-3.36)
lnnumstr3	0.0132* (1.79)	0.0129* (1.75)	0.0129* (1.75)	0.0132* (1.79)

续表

变量	wzyc	wzyc	wzyc	wzyc
	Tenure≤1	Tenure≤2	Tenure≥3	Tenure≥5
	(1)	(2)	(3)	(4)
lninvzb	-0.00543 (-0.69)	-0.00694 (-0.89)	-0.00694 (-0.89)	-0.00628 (-0.79)
lnwmyc	0.00336 (0.74)	0.00412 (0.91)	0.00412 (0.91)	0.00348 (0.77)
lncitygdp	0.0726* (1.75)	0.0724* (1.76)	0.0724* (1.76)	0.0721* (1.74)
lnemploy	-0.0423*** (-5.66)	-0.0419*** (-5.64)	-0.0419*** (-5.64)	-0.0426*** (-5.71)
时间效应	控制	控制	控制	控制
地区效应	控制	控制	控制	控制
_cons	-0.0554 (-0.16)	-0.0603 (-0.17)	-0.0513 (-0.15)	-0.0468 (-0.13)
R-sq:	0.1289	0.1371	0.1371	0.1291
Prob>F	0.0000	0.0000	0.0000	0.0000
N	540	540	540	540

注：括号中为t统计量，* $p<0.10$、** $p<0.05$、*** $p<0.01$，分别表示在10%、5%和1%水平显著。

为进一步验证制度任期的影响，在回归中增加tenure≤1虚拟变量，tenure≤1为1，否则为0，回归结果为（1）列。（1）列tenure的系数为正，但并不显著，验证了任期第1年因不满足制度任期的最低要求，可能并未对官员形成正向的任期激励。（2）列结果显示，任期tenure设置为≤2年时，任期与外资依存度在5%的水平下呈显著的正相关关系。从结果分析，一方面任期的延长，样本量增大有助于提高显著性；另一方面也在一定程度验证了2年制度任期对经开区“一把手”任期引资动力的重要影响，官员上任第2年对经开区发展水平、要素资源、文化制度因素等有了基本认识，与上任初相比更有利于提升考核绩效水平。同时，官员会在面临着横向和纵向晋升竞争下，在考核任期届满时也有努力冲高政绩的需求。现有关于官员任期与经济增长呈倒“U”形关系也证实了官员的短视效应[14]。按照王贤彬等的研究，倒“U”形背后的原因有职位适应、晋升可能及政策滞后等[15]。本文从任职限制的角度出发认为，县处级以上官员由副转正至少在同一级别职位任期满2年，制度任期对地方官员提供了信号，即任期第2年是有望实现晋升的关键年，如何在本年度创造更高的绩效对官员晋升具有不同寻常的意义。回归结果验证了这一点，尽管第1年并未体现正向促进作用，但任期 tenure 在≤2 年时则体现为显著的正相关。

在回归中，因为 tenure≥2 回归结果并不显著，因此未列出该列回归结果。据此判断，地方官员在2年制度任期实现晋升，努力程度获得了回报，体现出了制度任期的引资动力效应；但如果未实现晋升，地方官员的晋升预期对经济的影响可能会产生政策滞后，验证了王贤彬等人的研究[15]。(3) 列主要考察了3年制度任期的影响，从回归结果系数看，“一把手”官员任期≥3 年与外资依存度在5%水平下呈显著的负相关。这在一定程度验证了前面任期滞后效应的判断，从数值上看，该数值正好与官员任期≤2 年时是相反数，如何理解这种负相关现象呢？官员任期在达到或超过3年后未实现晋升，同时可能会在年龄上产生晋升限制（前面描述统计经开区官员平均年龄为51岁），这将导致官员晋升预期进一步发生改变，在行为上或许会出现“懒政”“怠政”现象，从而不利于提升新的绩效水平。在上级监督的高压下，即使官员担心被上级问责，也可能出现形式主义的“形象工程”；或者另辟蹊径，自身选择提升学历水平、挂职交流其他区域。换句话说是任期、年龄共同作用下的引资动力减弱导致官员晋升预期的改变，进而影响其施政行为或施政效果。从表5回归结果看，经开区官员学历多数是硕士以上学历，但学历对外资依存度并未体现出显著的正向促进作用，统计研究数据证实官员学历多数是通过在职党校学习，也许并不能够提升专业化水平，甚或仅是为提升晋升的砝码。(4) 列官员任期达到或超过5年一届任期，尽管回归系数仍为负，但已经不显著，说明超过制度任期后的任期已经没有引资动力效应或者影响较低。这在一定程度说明2年或3年是官员的引资动力的制度任期，对官员的行为产生显著的影响。按照徐现祥等人的研究，下级官员的升迁数量受上级任期的影响，二者关系呈倒“U”形，下级官员升迁数量在第3年达到最大值[33]。从官员平均任期2.6年分析，研究中的大部分官员可能在3年内实现了晋升或其他方式交流更替等，与当前关于官员任期的研究较为相似。

从控制变量看，产业结构与提升经开区外资依存度具有不同的相关性，表现为工业比重的提升与之负相关，而服务业比重的提升则正相关。自1984年首批经开区设立以来，经历了30多年的发展，工业化程度肯定要高于其他区域，但服务业的改善可能是经开区的短板。加快服务业的发展似乎更有利于吸引外商投资。经开区所在城市 GDP 也在10%的水平下表现出正相关，大城市可能更有利于发挥吸引外资的效应。

（二）稳健性检验

现有针对官员特征的很多研究都考虑了区域的异质性影响，按东部和中西部划分不同区域研究官员任期的影响[26,27]。东部特别是沿海地区是我国改革开放的先行区，最早于1984年设立的14个经开区也均处于东部沿海地区。随着改革开放的深入推进，为逐步缩小中西部与东部的差距，中央分阶段在中西部设立了经开区，支持中西部的经济发展。由于东部与中西部处于不同的区位，经济及社会、文化等各方面存在较大差异。因此，研究将经开区划分为东部与中西部进一步分析，将东部与中西部数据代入方程（1），仍用双向固定效应模型进行回归。为进一步验证经开区官员2年或3年制度任期效应，回归中加入了Tenure≥2虚拟变量，回归结果如表6和表7所示。

表6　任职限制与东部经开区官员引资动力关系

变量	wzyc	wzyc	wzyc	wzyc	wzyc
	Tenure≤1	Tenure≤2	Tenure≥2	Tenure≥3	Tenure≥5
	(1)	(2)	(3)	(4)	(5)
tenure	0.00166 (0.27)	0.0164*** (2.67)	-0.00166 (-0.27)	-0.0164*** (-2.67)	-0.00839 (-0.85)
education	-0.0122 (-1.38)	-0.0148* (-1.68)	-0.0122 (-1.38)	-0.0148* (-1.68)	-0.0128 (-1.45)
native	-0.00343 (-0.31)	-0.00768 (-0.69)	-0.00343 (-0.31)	-0.00768 (-0.69)	-0.00481 (-0.42)
lnrevzb	0.00750 (0.45)	0.00800 (0.49)	0.00750 (0.45)	0.00800 (0.49)	0.00711 (0.43)
lnnumstr2	-0.0959*** (-3.87)	-0.101*** (-4.13)	-0.0959*** (-3.87)	-0.101*** (-4.13)	-0.0980*** (-3.94)
lnnumstr3	0.0193 (1.29)	0.0159 (1.08)	0.0193 (1.29)	0.0159 (1.08)	0.0201 (1.35)
lninvzb	-0.0161 (-1.52)	-0.0196* (-1.87)	-0.0161 (-1.52)	-0.0196* (-1.87)	-0.0180* (-1.67)
lnwmyc	0.0124* (1.75)	0.0141** (2.01)	0.0124* (1.75)	0.0141** (2.01)	0.0128* (1.81)
lncitygdp	-0.0631 (-0.94)	-0.0617 (-0.93)	-0.0631 (-0.94)	-0.0617 (-0.93)	-0.0635 (-0.95)
lnemploy	-0.0355*** (-2.76)	-0.0333*** (-2.63)	-0.0355*** (-2.76)	-0.0333*** (-2.63)	-0.0352*** (-2.75)
时间效应	控制	控制	控制	控制	控制
地区效应	控制	控制	控制	控制	控制
_cons	1.005* (1.69)	0.955 (1.63)	1.007* (1.70)	0.971* (1.66)	1.007* (1.70)

续表

变量	wzyc	wzyc	wzyc	wzyc	wzyc
	Tenure≤1	Tenure≤2	Tenure≥2	Tenure≥3	Tenure≥5
	(1)	(2)	(3)	(4)	(5)
R - sq:	0.1852	0.2072	0.1852	0.2072	0.1873
Prob > F	0.0000	0.0000	0.0000	0.0000	0.0000
N	324	324	324	324	324

注：括号内为t值，* $p<0.10$、** $p<0.05$、*** $p<0.01$ 表示在10%、5%及1%的水平下通过显著性检验。

表7　　任职限制与中西部经开区官员引资动力关系

变量	wzyc	wzyc	wzyc	wzyc	wzyc
	Tenure≤1	Tenure≤2	Tenure≥2	Tenure≥3	Tenure≥5
	(1)	(2)	(3)	(4)	(5)
tenure	0.00987* (1.97)	0.00946* (1.96)	-0.00987* (-1.97)	-0.00946* (-1.96)	-0.0155* (-1.90)
education	0.0113 (1.54)	0.0111 (1.51)	0.0113 (1.54)	0.0111 (1.51)	0.0110 (1.49)
native	-0.00103 (-0.14)	-0.00112 (-0.16)	-0.00103 (-0.14)	-0.00112 (-0.16)	-0.000844 (-0.12)
lnrevzb	0.00193 (0.21)	0.00236 (0.25)	0.00193 (0.21)	0.00236 (0.25)	0.00193 (0.21)
lnnumstr2	0.00401 (0.28)	0.00372 (0.26)	0.00401 (0.28)	0.00372 (0.26)	-0.000286 (-0.02)
lnnumstr3	0.00520 (0.81)	0.00441 (0.69)	0.00520 (0.81)	0.00441 (0.69)	0.00366 (0.57)
lninvzb	0.0203* (1.95)	0.0184* (1.77)	0.0203* (1.95)	0.0184* (1.77)	0.0170 (1.63)
lnwmyc	-0.000629 (-0.13)	-0.000117 (-0.02)	-0.000629 (-0.13)	-0.000117 (-0.02)	-0.000406 (-0.09)
lncitygdp	0.133*** (2.85)	0.128*** (2.74)	0.133*** (2.85)	0.128*** (2.74)	0.128*** (2.73)
lnemploy	-0.0677*** (-8.92)	-0.0683*** (-8.97)	-0.0677*** (-8.92)	-0.0683*** (-8.97)	-0.0699*** (-9.01)
时间效应	控制	控制	控制	控制	控制

续表

变量	wzyc	wzyc	wzyc	wzyc	wzyc
	Tenure≤1	Tenure≤2	Tenure≥2	Tenure≥3	Tenure≥5
	(1)	(2)	(3)	(4)	(5)
固定效应	控制	控制	控制	控制	控制
_cons	-0.222 (-0.58)	-0.176 (-0.46)	-0.212 (-0.55)	-0.167 (-0.43)	-0.151 (-0.39)
R-sq:	0.4035	0.4033	0.4035	0.4033	0.4025
Prob>F	0.0000	0.0000	0.0000	0.0000	0.0000
N	216	216	216	216	216

注：括号内为t值，*p<0.10、**p<0.05、***p<0.01表示在10%、5%及1%的水平下通过显著性检验。

比较表6和表7的回归结果发现，相关指标既有共性，也有差异，分区域回归提供了更丰富的信息。从制度任期共性看，2年或3年制度任期与外资依存度相关性与总样本相同。以2年为分界点，东部官员任期小于等于2年时，官员制度任期产生的引资动力可能对吸引外资形成正向作用，中西部地方官员也在10%的水平下呈正相关，回归结果与总样本保持了一致性。从制度任期差异性看，首先是东部制度任期比总样本更加显著，而中西部2年制度任期成为与外资依存度相关性发生转折的重要时点。制度任期大于等于2年，中西部官员制度任期产生引资动力与外资依存度呈负相关，比总样本和东部地区都要提前1年。这体现了东部与中西部官员在吸引外资方面的差异性。

为此，分析控制变量解释上面中西部与总样本和东部官员的制度任期引资动力差异。一是东部沿海经开区的工业水平提升与外资依存度呈显著的负相关，与总样本回归一致。但中西部两次产业结构与外资依存度尽管不相关，但系数为正。因此，本文判断东部与中西部地区的产业结构存在较大差异。二是固定资产投资占GDP的比重与吸引外资关系在东部与中西部之间存在显著差异，是否可以说明东部经开区该阶段的基础配套、产业结构等相对更加成熟，固定资产投资的带动并不会起到显著作用，反而可能会挤占资源；但中西部地区在基础配套、产业基础等方面仍有待改善，从而该指标的提升与吸引外资表现出正相关。三是在东部经开区，代表外向经济水平的外贸依存度与外资依存度呈正相关，但在中西部并不相关，且系数为负，这说明东部地区外向经济发展水平与中西部地区差别明显。四是从经开区所在城市GDP与外资依存度的关系看，东部该指标并不相关，但中西部体现为显著的正相关。这进一步说明东部经开区自身的经济水平在吸引外资方面并不依赖于所在城市的等级规模，但就中西部经开区而言，经开区的城市等级对吸引外资产生了重要作用。

从上述控制变量看，中西部官员制度任期与外资依存度关系的正相关或负相关之所以提前或延后，或许与其经济基础、产业结构及外向经济水平相对落后具有关系。中西部经开区官员或许认识到吸引外商投资的重要性和难度，尽管存在2年制度任期影响，但这种制度任期的影响可能会更早。但研究发现2年或3年制度任期与外资依存度的相关性在总体样本、东部样本及中西部样本回归中的相关性是一致的。据此判断，制度任期产生的引资动力确实对经开区官员存在时间和空间的异质性影响。因此，表5回归结果、稳定性检验及相关分析验证了H1的正确。

（三）任职限制、年龄约束对官员引资动力的影响

除官员制度任期会形成引资动力外，年龄也是干扰官员晋升的重要变量。从样本的描述性统计看，样本官员的平均年龄为51岁，论语有曰“五十而知天命”，意思是五十岁之后，知道了理想实现之艰难，故而做事情不再追求结果。因此，除了制度任期对官员任期引资动力的作用外，官员年龄也将影响着官员为达到经济绩效付出努力的程度，从而与被解释变量外资依存度形成差异化的关系。

为验证H2，在任期虚拟变量基础上，将≤50岁和≥50岁两个年龄虚拟变量代入方程（2）。其他控制变量不变，仍用双向固定效应模型进行回归，回归结果如表8所示（为节省篇幅，省略了部分不相关的控制变量或回归结果）。

表8　任职限制、年龄约束与经开区官员引资动力关系

变量	wzyc	wzyc	wzyc	wzyc
	Tenure≤1，age≤50	Tenure≤2，age≤50	Tenure≥3，age≤50	Tenure≥5，age≤50
	(1)	(2)	(3)	(4)
tenure	0.000918 (0.21)	0.00837* (1.94)	-0.00837* (-1.94)	-0.00346 (-0.49)
age	0.0132** (2.23)	0.0125** (2.14)	0.0125** (2.14)	0.0132** (2.25)
lnnumstr2	-0.0463*** (-3.32)	-0.0463*** (-3.34)	-0.0463*** (-3.34)	-0.0471*** (-3.36)
时间效应	控制	控制	控制	控制
地区效应	控制	控制	控制	控制

续表

变量	wzyc Tenure≤1，age≤50 (1)	wzyc Tenure≤2，age≤50 (2)	wzyc Tenure≥3，age≤50 (3)	wzyc Tenure≥5，age≤50 (4)
_cons	0.0380 (0.11)	0.0269 (0.08)	0.0353 (0.10)	0.0440 (0.13)
R - sq:	0.1388	0.1461	0.1461	0.1392
Prob > F	0.0000	0.0000	0.0000	0.0000
N	540	540	540	540

变量	wzyc Tenure≤1，age≥50 (5)	wzyc Tenure≤2，age≥50 (6)	wzyc Tenure≥3，age≥50 (7)	wzyc Tenure≥5，age≥50 (8)
tenure	0.000500 (0.11)	0.00808* (1.87)	-0.00808* (-1.87)	-0.00279 (-0.40)
age	-0.0159*** (-2.69)	-0.0151** (-2.57)	-0.0151** (-2.57)	-0.0159*** (-2.69)
lnnumstr2	-0.0452*** (-3.25)	-0.0452*** (-3.26)	-0.0452*** (-3.26)	-0.0458*** (-3.27)
时间效应	控制	控制	控制	控制
地区效应	控制	控制	控制	控制
_cons	0.0470 (0.13)	0.0344 (0.10)	0.0425 (0.12)	0.0506 (0.14)
R - sq:	0.1432	0.1500	0.1500	0.1434
Prob > F	0.0000	0.0000	0.0000	0.0000
N	540	540	540	540

注：括号内为 t 值，* p<0.10、** p<0.05、*** p<0.01 表示在 10%、5%及 1%的水平下显著。

在表 8 的回归结果中，在加入以 50 岁分界的年龄虚拟变量后，尽管官员任职限制下的引资动力与外资依存度的相关显著性下降，但仍在 10%的水平下显著，且符号相同，进一步验证了官员任职限制与引资动力的关系具有稳健性。

表 8 中（1）~（4）列回归结果体现为当官员年龄≤50 岁，任职限制、年龄约束对任期引资动力的影响，主要表现为与外资依存度的关系。回归结果表明≤50 岁年

龄虚拟变量在四列回归中均与外资依存度呈正相关，证明了官员该年龄范围会产生正向的引资动力。

表 8 中（5）~（8）列回归结果体现为当官员年龄≥50 岁，任职限制、年龄约束与官员引资动力的相关性。制度任期的引资动力效应并未有显著变化，但≥50 岁年龄虚拟变量的引资动力由正向转为负向。因此，表 8 的回归结果验证了 H2 年龄约束对引资动力将产生差异化影响。

为进一步验证 H2，本文再将变量划分为东部与中西部两部分样本，分别将样本解释变量、控制变量代入方程（2）进行稳健性检验，回归模型及方法与前面相同，为节省篇幅，未列出回归结果。官员的任职限制、年龄约束所产生的引资动力效应与上述样本回归结果基本一致，验证了总体样本回归结果具有稳健性，进一步验证了 H1 和 H2。

（四）从官员更替角度进一步分析

从前面分析可知，官员更替与任期具有相关性，表现为负相关。官员更替频繁，任期必然较短，但频繁的官员更替又会造成政策的不确定性，从而对微观经济主体或经济运行造成影响。为此，本文将官员更替及任期、年龄虚拟变量代入方程（3）做回归验证。通过回归发现，在总样本及中西部样本数据回归中，官员更替虚拟变量与经开区外资依存度并不相关，故不再列出。东部经开区回归结果如表 9 所示（为控制篇幅，仅将显著变量列出）。

表 9　　任职限制、年龄约束及更替与东部经开区官员引资动力关系

变量	wzyc	wzyc	wzyc	wzyc	wzyc
	tenure≤1，age≥50	tenure≤2，age≥50	tenure≥2，age≥50	tenure≥3，age≥50	tenure≥5，age≥50
	(1)	(2)	(3)	(4)	(5)
changing	-0.00999 (-1.41)	-0.0123* (-1.95)	-0.00999 (-1.41)	-0.0123* (-1.95)	-0.00736 (-1.19)
tenure	0.00521 (0.73)	0.0187*** (2.98)	-0.00521 (-0.73)	-0.0187*** (-2.98)	-0.00735 (-0.75)
age	-0.0190** (-2.38)	-0.0183** (-2.32)	-0.0190** (-2.38)	-0.0183** (-2.32)	-0.0193** (-2.42)
education	-0.0171* (-1.92)	-0.0200** (-2.26)	-0.0171* (-1.92)	-0.0200** (-2.26)	-0.0174* (-1.94)

续表

变量	wzyc tenure≤1， age≥50 (1)	wzyc tenure≤2， age≥50 (2)	wzyc tenure≥2， age≥50 (3)	wzyc tenure≥3， age≥50 (4)	wzyc tenure≥5， age≥50 (5)
lnnumstr2	-0.0992 *** (-4.04)	-0.105 *** (-4.33)	-0.0992 *** (-4.04)	-0.105 *** (-4.33)	-0.100 *** (-4.06)
lninvzb	-0.0176 * (-1.69)	-0.0213 ** (-2.06)	-0.0176 * (-1.69)	-0.0213 ** (-2.06)	-0.0193 * (-1.80)
lnwmyc	0.0148 ** (2.10)	0.0170 ** (2.43)	0.0148 ** (2.10)	0.0170 ** (2.43)	0.0150 ** (2.13)
时间效应	控制	控制	控制	控制	控制
地区效应	控制	控制	控制	控制	控制
_cons	1.166 ** (1.97)	1.117 * (1.92)	1.171 ** (1.98)	1.136 * (1.95)	1.178 ** (1.99)
R-sq:	0.2092	0.2343	0.2092	0.2343	0.2093
Prob > F	0.0000	0.0000	0.0000	0.0000	0.0000
N	324	324	324	324	324

变量	wzyc tenure≤1， age≤50 (6)	wzyc tenure≤2， age≤50 (7)	wzyc tenure≥2， age≤50 (8)	wzyc tenure≥3， age≤50 (9)	wzyc tenure≥5， age≤50 (10)
changing	-0.0102 (-1.44)	-0.0120 * (-1.91)	-0.0102 (-1.44)	-0.0120 * (-1.91)	-0.00699 (-1.13)
tenure	0.00645 (0.90)	0.0192 *** (3.04)	-0.00645 (-0.90)	-0.0192 *** (-3.04)	-0.00813 (-0.83)
age	0.0144 * (1.73)	0.0138 * (1.69)	0.0144 * (1.73)	0.0138 * (1.69)	0.0145 * (1.74)
education	-0.0162 * (-1.80)	-0.0191 ** (-2.15)	-0.0162 * (-1.80)	-0.0191 ** (-2.15)	-0.0164 * (-1.82)
lnnumstr2	-0.102 *** (-4.13)	-0.108 *** (-4.41)	-0.102 *** (-4.13)	-0.108 *** (-4.41)	-0.103 *** (-4.15)
lninvzb	-0.0167 (-1.60)	-0.0205 ** (-1.98)	-0.0167 (-1.60)	-0.0205 ** (-1.98)	-0.0185 * (-1.72)

续表

变量	wzyc tenure≤1, age≤50 (6)	wzyc tenure≤2, age≤50 (7)	wzyc tenure≥2, age≤50 (8)	wzyc tenure≥3, age≤50 (9)	wzyc tenure≥5, age≤50 (10)
lnwmyc	0.0147 ** (2.06)	0.0168 ** (2.40)	0.0147 ** (2.06)	0.0168 ** (2.40)	0.0149 ** (2.09)
时间效应	控制	控制	控制	控制	控制
地区效应	控制	控制	控制	控制	控制
_cons	1.215 ** (2.02)	1.166 * (1.97)	1.222 ** (2.03)	1.185 ** (2.00)	1.229 ** (2.04)
R - sq:	0.2009	0.2267	0.2009	0.2267	0.2005
Prob > F	0.0000	0.0000	0.0000	0.0000	0.0000
N	324	324	324	324	324

注：括号内为 t 值，* $p<0.10$、** $p<0.05$、*** $p<0.01$ 表示在 10%、5% 及 1% 的水平下显著。

从表 9 的回归结果分析可知，首先东部经开区官员的任职限制、年龄约束与外资依存度的关系与前面回归结果保持了一致，进一步证明了任职限制、年龄约束对官员产生的任期激励效应。本文认为，中西部经开区官员更替变量与外资依存度不显著进一步说明受区位条件限制吸引外资可能并不是中西部经开区官员关注的重点。东部经开区外资比重较大，官员更替产生的政策不确定性可能不利于外资的引进。由此说明经开区官员更替的政策效应具有区域差异性。因此，优化地方官员任期的制度规定，或许会减少因政策不确定带来的不利后果。

五、结论及政策启示

本文从特殊政策区域——经开区的视角研究了地方官员任职限制、年龄约束与官员引资动力的关系。本文通过实证研究发现，“晋升锦标赛”下，任职限制与官员的引资动力形成异质性关系，主要表现为制度任期与外资依存度呈不同的相关性，且东西部存在差异；在任职限制的基础上，年龄约束也对官员的引资动力产生了差别化的影响，表现为经开区官员年龄与引资呈现正向或负向关系。在加入官员更替变量后，东部经开区的上述变量与总体回归结果保持了一致性，进一步验证了回归的稳健性。官员更替与外资依存度的负相关也证明了政策不确定影响的客观存在。

包括经开区官员在内的地方政府官员是特殊的群体，一方面，他们拥有公权力和资源配置权力，代表政府实现各类发展目标；另一方面，官员个体又有着个体的需求，从政府体制看，最直接的需求就是实现晋升，但政府体系的金字塔结构注定了不可能所有的下级官员都实现晋升，而随着某一职位任期的延长，年龄的增长，从而错失晋升机会。制度规定的晋升最低任期或年龄似乎又向任职官员传递了为之努力的信号，形成制度任期、年龄约束的影响。

由此我们认为，《党政领导干部选拔任用工作条例》中关于官员每届任期及晋升的规定意图是在官员任期稳定和任期晋升激励中寻求一种平衡。现有研究也证实了我国改革开放40多年取得的成就与地方官员间晋升竞争有着较大的相关性。在发挥制度任期正向激励的同时，避免其负向效应，如官员搞欺上瞒下、形式主义等。为此，提出以下几点政策启示。

一是进一步优化完善官员晋升任期的制度规定，从实证分析回归结果看，制度任期确实存在对官员任期预期的影响，从而对官员引资动力产生了异质性的效果。党选干部，是要将品德高尚、能力出众、对党对人民负责的好干部选拔至领导岗位，从而能更好地带领地区人民群众走向幸福生活。2年制度任期容易激励干部任期的短视化，因为尚未对区域有全面的认识即可能离任。因此应延长最低制度任期，或许能够使官员更愿意抽出更多时间研究地区发展问题，科学合理规划，制定合理政策。同时，进一步明确主要领导干部任期结束的上限，从实证结果和激励的角度出发，5年较为合理，且干部在同一岗位任期应不超过一届。

二是更加重视年龄对干部激励的影响。本文研究发现，年龄对官员形成了差异性的预期激励，符合我们的常识判断。与任期叠加判断，可能对官员的引资动力产生双重作用影响。为了避免这种负向效应，应弱化年龄限制，应构建更加合理的健康状况指标进行综合评估，只要可以胜任工作，主要领导干部的年龄不应成为隐形的红线，从而更有利于有能力、有担当的好干部更好地为党和人民服务。

三是经开区作为国家政策性区域，由于体制机制的因素，官员任期似乎更加不稳定，可能形成典型的“跳板任期”。从东部地区经验分析这种官员更替不利于提升外商投资水平。为此，应针对此类型区域官员任期等创新制度设计，激励与约束并重。

我国步入新时代，应逐步完善优化干部任职制度，不断优化提升领导干部的治理能力、治理水平，推动国家治理走向现代化。

参考文献

［1］托马斯·法罗尔著，许俊萍译：《开发区和工业化：历史、近期发展和未来

挑战》，载《国际城市规划》2018 年第 2 期，第 8 页。

［2］孔翔、顾子恒：《国家级经济技术开发区发展绩效区位因素研究》，载《科技进步与对策》2017 年第 8 期，第 45－50 页。

［3］郑国、张延吉：《基于要素演替的国家级开发区转型研究》，载《经济地理》2014 年第 12 期，第 117－118 页。

［4］周黎安：《中国地方官员的晋升锦标赛模式研究》，载《经济研究》2007 年第 7 期，第 36－49 页。

［5］钱颖一：《激励与约束》，载《经济社会体制比较》1999 年第 5 期，第 8 页。

［6］王贤彬、徐现祥、李郇：《地方官员更替与经济增长》，载《经济学（季刊）》2009 年第 8 期，第 1301－1328 页。

［7］张伟、崔万田：《地方官员任期、晋升压力与经开区经济增长关系研究》，载《软科学》2019 年第 10 期，第 126－130 页。

［8］卢盛峰、陈思霞、杨子涵：《“官出数字”：官员引资动力下的 GDP 失真》，载《中国工业经济》2017 年第 7 期，第 118－134 页。

［9］宋小宁、佟健：《“懒政”、综合政绩考核与政府机构改革》，载《经济社会体制比较》2019 年第 2 期，第 127－132 页。

［10］Besley，T. and Case A. Does Electoral Accountability Affect Economic Policy Choice? Evi-dence from Gubernatorial Term Limits［J］. Quarterly Journal of Economics，1995（03）：769－798.

［11］Johnson，J. M. and Crain，W. M. Effects of Term Limits on Fiscal Performance：Evi-dence from Democratic Nations［J］. Public Choice，2004（119）：73－90.

［12］García－Vega，M. and Herce，J. A. Does Tenure in Office Affect Regional Growth? The Role of Public Capital Productivity［J］. Public Choice，2011（146）：75－92.

［13］Li，Hongbin and Li－An Zhou. Political Turnover and Economic Performance：Incentive Role of Personnel Control in China［J］. Journal of Public Economics，2005（89）：1743－1762.

［14］张军、高远：《官员任期、异地交流与经济增长——来自省级经验的证据》，载《经济研究》2007 年第 11 期，第 91－102 页。

［15］王贤彬、徐现祥：《中国地方官员经济增长轨迹及其机制研究》，载《经济学家》2010 年第 11 期，第 34－42 页。

［16］顾海兵、雷英迪：《地方官员任期长度与辖区经济增速的相关性研究》，载《学术界》2013 年第 11 期，第 41－50 页。

［17］余泳泽、杨晓章：《官员任期、官员特征与经济增长目标制定——来自 230

个地级市的经验证据》，载《经济学动态》2017 年第 2 期，第 72 – 83 页。

[18] 谭之博、周黎安：《官员任期与信贷和投资周期》，载《金融研究》2015 年第 6 期，第 41 – 50 页。

[19] 周敏、毕睿罡、寇宗来：《官员任期、年龄限制与地方企业投资——来自中国上市公司的经验证据》，载《产业经济研究》2017 年第 3 期，第 116 – 124 页。

[20] 罗党论、佘国满、邓可斌：《地方官员任期与民生投入》，载《中山大学学报（社会科学版）》2015 年第 5 期，第 116 – 124 页。

[21] 孔繁成：《引资动力、任职预期与环境质量》，载《南方经济》2017 年第 10 期，第 92 – 109 页。

[22] Jones, B. and Olken, B. Do Leaders Matter? National Leadership and Growth Since World War Ⅱ" [J]. Quarterly Journal of Economics, 2005 (120): 835 – 864.

[23] Daude C. and M. Fratzscher. The Pecking Order of Cross – Border Investment [J]. Journal of International Economics, 2008 (01): 94 – 119.

[24] 刘琳、郑建明：《地方官员变更与外资专用性投资——基于中国省际面板数据的实证研究》，载《国际贸易问题》2017 年第 7 期，第 108 – 117 页。

[25] 张华、唐珏：《官员变更与雾霾污染——来自地级市的证据》，载《上海财经大学学报》2019 年第 5 期，第 110 – 123 页。

[26] 郭瑞、文雁兵、史晋川：《地方官员与经济发展：一个文献综述》，载《管理评论》2018 年第 12 期，第 247 – 254 页。

[27] 王文剑、覃成林：《财政分权、地方政府行为与地区经济增长——一个基于经验的判断及检验》，载《经济理论与经济管理》2007 年第 10 期，第 60 – 64 页。

[28] 曹静晖、刘娟、胡伶俐：《地方官员任期制的执行困境及其治理路径》，载《华南理工大学学报（社会科学版）》2018 年第 3 期，第 92 – 99 页。

[29] 钟辉勇、陆铭：《财政转移支付如何影响了地方政府债务?》，载《金融研究》2015 年第 9 期，第 1 – 15 页。

[30] 郭曦、郝蕾：《产业集群竞争力影响因素的层次分析——基于国家级经开区的统计回归》，载《南开经济研究》2005 年第 4 期，第 35 – 46 页。

[31] 兰宜生：《对外开放度与地区经济增长的实证分析》，载《统计研究》2002 年第 2 期，第 19 页。

[32] 徐现祥、李书娟：《官员偏爱籍贯地的机制研究——基于资源转移的视角》，载《经济研究》2019 年第 7 期，第 111 – 125 页。

[33] 徐现祥、刘勇：《中国任命地方官员的模式》，载《经济学报》2018 年第 4 期，第 14 – 42 页。

[34] 郭小碚、张伯旭：《对开发区管理体制的思考和建议》，载《宏观经济研究》2007 年第 10 期，第 32 –42 页。

A Study on Tenure Restriction, Age Restriction and Motivation of Attracting Investment of Officials in Economic Development Zone

Zhang Wei

Abstract: Based on the panel data of 90 economic development zones from 2010 to 2015, this paper studies the relationship between employment restriction, age restriction and officials' motivation to attract investment from the perspective of economic development zones. The main conclusions are as follows: according to the regulations on the promotion of leaders at the county level and above, the minimum term of office is divided into two or three years, and the restriction on the term of office will form heterogeneous motivation for attracting investment for officials. In addition to the influence of job restriction, further research finds that age restriction also has a differential effect on the motivation of officials to attract investment. At the age of 50, the motivation of officials to attract foreign investment is not the same when they are older than or younger than that age, which is manifested in the positive or negative relationship between the employment restriction, age restriction index and the dependence of the explained variable on foreign investment. On this basis, only the above two indicators of the officials in the Eastern Economic Development Zone remain the same, but the overall sample and the Midwest sample are not significant, and the official turnover is significantly negatively related to the degree of dependence on foreign investment, which also proves that there are regional differences in the office restrictions, age constraints, turnover and motivation for attracting capital.

Key words: Restrictions on employment　Age constraint　Economic development Zone officials　Motivation for attracting investment

差序格局下基于熵权 TOPSIS 的企业网络成员评价研究[*]

于永海　李巧丽　洪茹燕[**]

摘　要：企业网络成员评价，是企业网络治理这一热点问题的核心构成部分。现有相关研究主要聚焦于供应商网络成员，少量对其他网络成员的研究主要探讨其商业属性，对蕴含的社会属性则关注不足。基于此，在相关研究基础上构建评价指标体系，利用管理熵确定各指标权重，运用 TOPSIS 方法探讨企业网络成员分类评价中的多目标决策问题，最后以 Y 公司为对象，通过案例分析进行了实证研究。研究发现，除了显性的经济价值之外，网络成员隐含的社会资本与中国文化情景下差序格局的客观存在，决定了对熵权 TOPSIS 法的研究结果需要进行补充分析。结合中国差序格局文化背景，融合了商业属性与社会属性的企业网络成员评价这一多目标决策问题，在理论研究和实践应用方面都具有重要意义。

关键词：差序格局　网络成员　评价　熵　TOPSIS

一、引　　言

在知识经济和全球化的背景下，企业网络化运营日益普遍，网络治理问题成为理论研究和实践探索的热点问题，很多学者从不同方面对其展开了系列研究。从治理要素或治理对象来看，网络治理研究成果主要集中于三个方面：网络化环境下的目标企

---

* 基金项目：浙江省高校重大人文社科攻关项目（2021QN004）“后疫情时代集群企业创新网络的动态重构机制与策略：基于组织间信任理论的研究”的阶段性成果。

** 作者简介：于永海（1977～），山东威海人，杭州师范大学钱江学院副教授，研究方向为服务经济与组织管理；李巧丽（1985～），浙江温州人，杭州师范大学钱江学院讲师，研究方向为公司治理；洪茹燕（1976～），浙江杭州人，杭州师范大学经济与管理学院副教授，研究方向为技术创新与战略管理。

业治理、网络成员之间的交易关系治理以及整体网络组织治理。在基于委托代理理论的传统公司治理研究的基础上，网络化环境下目标企业治理的研究文献最为全面。既有研究表明，企业战略联盟失败的原因主要是伙伴关系与伙伴选择问题。在企业网络研究当中，企业网络结构和网络关系是传统的研究重点，后来网络节点（即网络成员或行动者）本身受到了重视。

企业网络成员包括焦点企业本身、供应商、客户、同行业竞争者、科研院所、金融企业、媒体、政府部门等利益相关者，焦点企业与他们结成了不同的网络。企业网络成员类型多样，构成复杂，如果将所有网络成员采用同一指标体系进行统一评价，难以得出令人信服的结论。从研究对象的性质来看，企业网络包括社会网络和商业网络；从研究视角来看，企业网络包括从网络整体层面考虑的整体网和以网络成员个体为中心的自我中心网以及介于两者之间的局域网。本文研究所指代的企业网络成员，是指企业自我中心网与商业网络交叉部分的网络成员。企业网络成员之间构成了合作共生体，对网络成员的系统评价是企业网络治理的重要前提之一，属于指标偏好信息明确的多目标决策（multiple objective decision making，MODM）问题。

在对企业网络成员的系列研究中，针对供应链或供应商网络成员的研究最为集中。根据泽格·德格雷夫等（Zeger Degraeve et al.，2000）和刘晓等（2004）的研究，对于供应商采购的管理，主要包括基于库存的采购方式（即推式）和基于需求的准时生产（just in time，JIT）采购方式（即拉式）。在推式采购策略下，常用的供应商评价方法有线性权重法、成本法、数学规划法等；在拉式采购策略下，常用的供应商评价方法有概念与经验方法、数学规划法等。随着研究的深入，针对不同条件下的供应商评价方法也在不断发展。根据指标标准水平、序数偏好、基数偏好和边际替代率，层次加权法和逼近理想解排序法（Technique for Order Preferenceby Similarity to Ideal Solution，TOPSIS）常应用于企业网络成员评价这一指标偏好信息明确的多目标决策问题，后者根据评价对象与理想目标的接近程度来评价其相对优劣，对于指标权重采取的主要是专家评分法，受制于专家水平与对研究问题理解深度而存在较大主观性。

学者们运用不同研究方法，对供应商评价指标的研究取得了一系列成果。迪克森（Dickson，1996）对供应商评价的研究开了先河，认为质量、交货期和过去绩效是重要的评价指标，并提出了23项指标构成的评价标准体系。刘家国等（2011）基于企业自我分类从合作意愿、合作执行、合作效果三个方面，研究了供应链合作伙伴的选择问题。江世英等（2012）采用主观赋权法从价格竞争能力、质量管理能力和敏捷能力对供应商网络成员进行了评价和选择。阿多·滕科朗等（Addo – Tenkorang et al.，2017）以缩短产品开发期和提升投资回报率为目标，应用社会网络分析与皮尔森相关分析研究了供应链网络，认为有效和高效的沟通是组织管理的重要工具。在考虑中断风险因素的定制生产模式下，刘学鹏等（2017）通过建立贯穿供应链决策的集成优化模型，探讨了服务水平最高、生产成本最小、服务与成本兼顾等不同目标导向下的供应商选择问题。张萌等（2018）提出了基于灰关联分析与理想决策法的区间多属性决策方法，以解决供应商选择问题。供应商管理属于企业网络成员评价管理的重要构成部分，成为企业网络研究当中相对比较独立的细分领域，目前对于其经济属性的研究相对比较充分。

企业网络成员除了供应商之外，还包括很多其他利益相关者。针对其他企业网络成员，学者们从异质性、合作文化、信任、信誉、经济利益、能力等不同角度，对企业网络成员进行了评价研究。基思等（Keith et al.，1990）提出了联盟伙伴选取遵循的互补性技能、合作文化、共同目标及联盟风险；福克纳等（Fauckner et al.，1998）认为影响企业合作伙伴选择的因素包括协同优势、战略配合、信任和关系；赫特等（Hutt et al.，2000）认为信任、关系承诺和兼容性这些因素影响联盟伙伴行为。朱少英等（2004）在创新网络环境下，应用信息经济学建立了搜寻模型并从理论上论证了最优解的存在，通过最优解进行网络合作伙伴的选择。戴彬等（2011）从相容性、信誉度和互补性方面构建了评价指标，运用模糊综合评价方法构建了技术创新合作伙伴选择模型，并进行了仿真研究。王发明等（2016）根据企业对联盟效益的贡献，利用利普沙（Shapley）值法探讨了合作收益分配问题，认为合作共生效应的获得是合作伙伴选择的驱动力。游达明等（2016）构建了突破性技术创新联盟伙伴选择评价指标体系，并利用10个城市31家高新技术企业的有关数据，采用隶属度分析、相关度分析、鉴别度分析等方法进行了实证研究。邵际树等（2016）构建了虚拟企业合作伙伴的评价指标，包括研发能力、企业互补性、企业整体实力、学习和创新能力、企业的可整合性，提出了基于灰色关联度的虚拟企业合作伙伴择优评价方法，并做了实证研究。王海军（2017）在开放式创新环境下，构建了整合难度、交易成本、协同保障、创新能力、交付质量和履约能力等评价指标体系，运用多准则决策方法对外部合作伙伴能力进行了评估。此外，史文雷等（2019）在网络成员重要度内涵解读基础上，利用复杂网络分析方法进行了网络成员评价，具有一定通用性。罗戈夫等（Rogov，M. A. et al.，2020）针对网络成员的社会属性进行了动态博弈分析。从已有研究来看，供应商之外的其他企业网络成员研究数量相对较少，主要基于经济价值的考量，对于网络成员蕴含的社会属性和中国差序格局的文化背景则关注较少。

二、企业网络成员评价指标体系

管理学中的环境分析理论，从政治因素、经济因素、社会因素和技术因素四个层面进行考量。基于此点，考虑国内政治的统一性与稳定性，从经济因素、社会因素和技术因素三个层面来确定企业网络成员相关评价指标。在已有企业网络成员评估研究文献基础上，结合管理学理论从主观和客观两方面对企业三个层面的评价指标进行进一步的细化。

企业是以盈利为目的的法人或经济组织，因而经济因素是企业网络成员评估的核心因素。当然，这里探讨的是企业微观层面的经济因素。企业网络涉及经济因素的成员众多，包括供应商、顾客、采购/研发/生产/销售的合作企业或组织、广告商、竞争对手和股东等，他们通过网络关系，影响目标企业的资源获取方式、资本获取能力以及短期或长期盈利能力。在借鉴已有研究成果的基础上，结合本文研究需要将网络成员经济方面的评价指标确定为交易成本、共同目标、经济贡献。交易成本是企业商业运营过程中不可避免的，这里指买卖过程中目标企业所花费的全部时间和资金成本。共同目标主要指企业与其网络成员合作过程当中的目标一致性。在其他因素不变的情况下，当合作双方目标一致性高的时候，道德风险则相对较低。经济贡献主要指网络成员对于目标企业经济绩效的贡献程度，现实中企业经济绩效是多方因素综合作用的结果，因此这里的经济贡献程度是一个相对量的概念。

社会环境因素通过行为规范、人口结构、生活方式与态度等方面影响着企业行为。企业行为是主观因素和客观因素综合作用的产物，这里将其指标确定为信誉和关系质量。信誉包括信用和声誉，是社会给予企业或组织的一种认同，也是企业发挥生产要素作用的无形资本，例如品牌价值、业内口碑等。关系质量是目标企业对自身与合作伙伴之间关系的评价，主要来源于以往的交往过程，反映了对合作伙伴的信任程度和双方关系的满意程度。

21 世纪变化最迅速的就是技术，对任何组织而言都是一项关键的因素。不管制造业还是服务业，奢望经营良好而不关注科技进步，几乎是不可能的。在企业网络成员评价方面，技术层面的指标确定为技术创新能力、技术互补性、学习与成长能力。技术创新能力是为满足社会需求而改进或创造新技术的能力，是企业竞争优势的核心来源之一，对于企业尤其是制造业企业意义重大。互补性来源于心理学，指双方在交往过程中获得互相满足的心理状态，技术互补性是对合作双方而言，对方掌握的技术对自身技术的补充和完善作用，对于企业研发至关重要。学习与成长能力是指企业通过组织学习体现出来的发展速度与发展趋势。如果说技术创新能力决定了企业目前的竞争优势，那么学习与成长能力决定了企业未来的竞争优势与市场地位。

综上所述，对企业网络成员评价指标已有相当数量的相关研究，由于研究对象、研究角度和研究目的的差异，这些指标评价体系之间存在较大差异。在已有研究的基础上，根据本文研究需要，企业网络成员评估指标体系如表1所示。

表1　　企业网络成员评估指标

经济因素	社会因素	技术因素
交易成本（f_1'）	信誉（f_4'）	技术创新能力（f_6'）
共同目标（f_2'）	关系质量（f_5'）	技术互补性（f_7'）
经济贡献度（f_3'）		学习与成长能力（f_8'）

三、基于熵权TOPSIS的企业网络成员评价

（一）构造企业网络成员评价的标准化决策矩阵

对于企业网络成员评价这一MODM问题，有m个评价对象和n个评估指标，即（m，n）评价问题。$M=\{1, 2, 3, \cdots, m\}$，$N=\{1, 2, 3, \cdots, n\}$，决策矩阵为$D=(f_{ij})m\times n$，方案$f_i'=(f_{i1}', f_{i2}', \cdots, f_{in}')$，（i）。$T_1$和$T_2$分别为收益型和成本型指标的下标集合，$T_1\cup T_2=N$，$f_{ij}'(i)$是第j个评价对象在第i个评价指标上的指标值，指标的权向量为$W=(w_1, w_2, w_3, \cdots, w_m)$，且对于（m，n）评价问题，按照定性与定量结合原则确定多对象多目标的评价矩阵E′，即

$$E'=\begin{bmatrix} f_{11}' & f_{12}' & \cdots & f_{1n}' \\ f_{21}' & f_{22}' & \cdots & f_{2n}' \\ \vdots & \vdots & & \vdots \\ f_{m1}' & f_{m2}' & \cdots & f_{mn}' \end{bmatrix} \tag{1}$$

为了去除数据单位的限制，进行去量纲处理以便于后续指标的加权和比较，这里将E′进行标准化得到：

$$E=(f_{ij})_{m\times n} \tag{2}$$

式（2）中，

$$f_{ij}=\frac{f'_{ij}}{\sqrt{\sum_{i=1}^{m} f_{ij}'^2}} \tag{3}$$

（二）构造企业网络成员评价的加权标准化决策矩阵

对于 MODM 问题，需要考虑每个评价指标的相对重要程度，而表示重要程度的最直接方法就是给各指标赋予权重。熵作为不确定性的有效量度，是修正指标权重主观性偏差的理想工具，因此这里采用熵权衡量各评价指标的重要程度。

根据管理熵理论，在（m，n）问题中企业网络成员评价第 j 个评价指标的熵为：

$$H_j = -k\sum_{i=1}^{m} p_{ij}\ln p_{ij} \quad (j = 1,2,3,\cdots,n) \tag{4}$$

且

$$p_{ij} = \frac{f_{ij}}{\sum_{i=1}^{m} f_{ij}} \tag{5}$$

$$k = \frac{1}{\ln m} \tag{6}$$

企业网络成员评价第 j 个指标权重为 $w_j = \dfrac{1 - H_j}{n - \sum_{j=1}^{n} H_j}$ （7）

企业网络成员评价的加权标准化决策矩阵为 $Z = (z_{ij})_{m\times n}$

$$z_{ij} = w_j f_{ij} \quad i \in M,\ j \in N \tag{8}$$

（三）面板回归结果确定企业网络成员评价的理想解 f^* 和负理想解 f^-

理想解 f^* 代表企业最偏好的网络成员，例如企业网络合作伙伴中对目标企业收益型指标很高或很强（例如经济贡献度、关系质量、技术互补性等）或者成本型指标很低或很弱（例如交易成本），负理想解 f^- 则反之。

$$f^* = (f_1^*,\ f_2^*,\ \cdots,\ f_n^*);\ f^- = (f_1^-,\ f_2^-,\ \cdots,\ f_n^-) \tag{9}$$

其中，

$$f_j^* = \max_i z_{ij},\ j \in T_1;\ f_j^* = \min_i z_{ij},\ j \in T_2$$

$$f_j^- = \min_i z_{ij},\ j \in T_1;\ f_j^- = \max_i z_{ij},\ j \in T_2$$

（四）企业网络成员与理想解和负理想解的欧氏距离

$$S_i^* = \|z_i - f^*\| = \sqrt{\sum_{j=1}^{n}(z_{ij} - f_j^*)^2} \tag{10}$$

$$S_i^- = \|z_i - f^-\| = \sqrt{\sum_{j=1}^{n}(z_{ij} - f_j^-)^2} \quad i \in M \tag{11}$$

式（10）中，$z_i = (z_{i1},\ z_{i2},\ \cdots,\ z_{ij})$ 是加权标准化决策矩阵 $E = (f_{ij})_{m\times n}$ 的第 i 行。

（五）通过计算相对贴近度确定网络成员的优先次序

计算企业网络成员与理想解的相对贴近度为：

$$C_i = \frac{S_i^-}{(S_i^* + S_i^-)} \quad i \in M \tag{12}$$

这里 $0 \leqslant C_i \leqslant 1$，$C_i$ 越趋近于 1 则 f_i 越接近于理想解。

四、案例分析

（一）案例概况

以某私营电子制造企业 Y 公司为例，通过与总经理访谈获悉其业务涉及的省内合作伙伴就有 200 多家，出于研究比较的需要以及操作的便利性，按照对 Y 公司业务影响程度较大以及合作伙伴种类两方面因素选择代表性网络成员，进行合作伙伴评价的案例分析。选取的代表性合作伙伴包括三个类别各四家企业，其中研发合作伙伴 R_1、R_2、R_3、R_4，供应商 S_1、S_2、S_3、S_4，以银行为代表的金融公司 B_1、B_2、B_3、B_4。经济因素和社会因素是三类合作伙伴都要考虑的因素。因为供应商提供的原材料技术含量不高且接近于标准件，技术因素不在考虑范畴之内，Y 公司与金融公司主要是资金往来，因此技术因素仅在研发合作伙伴评价和选择的时候予以考虑。

根据企业网络成员评价指标体系，按李克特五点量表通过与总经理访谈获得 Y 公司各网络成员的相对指标值，1 代表很低或很弱，2 代表较低或较弱，3 代表一般，4 代表较高或较强，5 代表很高或很强，获取三种类型合作伙伴数据如表 2、表 3 和表 4 所示。

表 2　　Y 公司研发合作伙伴评估值

合作伙伴	f_1'	f_2'	f_3'	f_4'	f_5'	f_6'	f_7'	f_8'
R_1	3	5	5	4	4	4	4	5
R_2	4	4	5	5	4	5	5	5
R_3	2	5	4	4	5	3	4	4
R_4	3	4	4	4	5	4	4	4

表 3　　Y 公司供应商评估值

供应商	f_1'	f_2'	f_3'	f_4'	f_5'
S_1	3	3	4	5	4
S_2	2	3	4	4	4
S_3	2	3	3	4	4
S_4	2	5	3	5	5

表 4　　Y 公司合作金融公司评估值

金融公司	f_1'	f_2'	f_3'	f_4'	f_5'
B_1	2	2	4	3	3
B_2	3	2	4	5	4
B_3	3	2	5	3	5
B_4	2	2	4	4	4

（二）Y 公司网络成员评价

由上述案例可知，在 Y 公司研发合作伙伴评估中，$m=4$，$n=8$，则得到 E'。根据管理熵理论计算得到各指标权重如下：

$$W=(0.0781,\ 0.1343,\ 0.1343,\ 0.1374,\ 0.1343,\ 0.1098,\ 0.1374,\ 0.1343)$$

在此基础上构造加权标准化决策矩阵，得到下式：

$$Z=\begin{bmatrix} 0.038 & 0.0742 & 0.0742 & 0.0643 & 0.0593 & 0.0541 & 0.0643 & 0.0742 \\ 0.0507 & 0.0593 & 0.0742 & 0.0804 & 0.0593 & 0.0676 & 0.0804 & 0.0742 \\ 0.0253 & 0.0742 & 0.0593 & 0.0643 & 0.0742 & 0.0405 & 0.0643 & 0.0593 \\ 0.038 & 0.0593 & 0.0593 & 0.0643 & 0.0742 & 0.0541 & 0.0643 & 0.0593 \end{bmatrix}$$

经计算，各指标的理想解和负理想解分别为：

$$f^{*}=(0.0253\quad 0.0742\quad 0.0742\quad 0.0804\quad 0.0742\quad 0.0676\quad 0.0804\quad 0.0742)$$

$$f^{-}=(0.0507\quad 0.0593\quad 0.0593\quad 0.0643\quad 0.0593\quad 0.0405\quad 0.0643\quad 0.0593)$$

在上述基础上，企业各网络成员与理想解和负理想解的欧式距离和贴近度计算结果如表 5 所示。

表5　　Y公司研发伙伴的欧化距离和贴近度

	R_1	R_2	R_3	R_4
S^*	0.0329	0.0329	0.0411	0.039
S^-	0.0318	0.0412	0.021	0.0201
C_i	0.491	0.555	0.339	0.34

同理，Y公司的供应商与合作的金融公司的欧化距离和贴近度计算结果分别如表6和表7所示。

表6　　Y公司供应商的欧化距离和贴近度

	S_1	S_2	S_3	S_4
S^*	0.0613	0.0531	0.0611	0.0302
S^-	0.0396	0.0302	0.0001	0.0531
C_i	0.393	0.363	0.001	0.637

表7　　Y公司合作金融公司的欧化距离和贴近度

	B_1	B_2	B_3	B_4
S^*	0.033	0.0459	0.0537	0.0304
S^-	0.0668	0.0488	0.0517	0.041
C_i	0.331	0.485	0.51	0.426

从计算结果来看，Y公司对研发伙伴选择的优先次序为 $R_2 > R_1 > R_4 > R_3$；对供应商选择的优先次序为 $S_4 > S_1 > S_2 > S_3$；对金融公司选择的优先次序为 $B_3 > B_2 > B_4 > B_1$。

（三）案例讨论

根据熵权TOPSIS法可知，针对同一类别企业网络成员，上述计算结果有着很强的应用价值。通过对总经理访谈和调研发现，考虑到企业运营的现实情况，企业网络成员评价和选择与上述计算结果有着较高的一致性但并不纯粹局限于上述分析结果，具体分析如下：

其一，运用熵权TOPSIS法进行企业网络成员评价，按类别分析具有较强的现实意义。

企业网络成员种类众多，本文研究对象界定为企业自我中心网与商业网络交叉部分的网络成员，选取了研发合作伙伴、供应商和以银行为代表的金融公司三个类别做了案例分析。结果表明，运用熵权 TOPSIS 法对同一类别网络成员的评价与选择，具有较强的可操作性和应用价值。

另外，企业还有很多其他类别的网络成员，例如生产合作伙伴、经销商或零售商、广告公司、人力资源公司等，他们在合作性质、合作内容等方面差异甚大。

因此，不同类别网络成员之间缺乏可比性，同时评估指标也需要根据产业情景和类别属性的差异，而使用不同评估指标体系进行分类研究。

其二，企业网络成员显性的经济价值评估，需要与其隐含的社会资本相结合进行综合考量。

从收益最高或成本最低的短期经济意义上来讲，同一类别网络成员应倾向于选择与理想解相对贴近度最高的方案，即 Y 公司在研发、供应商与金融公司的最佳合作对象分别是 R_2、S_4 和 B_3，对此 Y 公司总经理予以了高度认可。同时，考虑企业现实情况与长远利益，网络成员评价与选择还需要结合其隐含的社会资本而综合评估，例如给目标企业扩大市场话语权、增加社会声誉、便利紧急且重要问题的处理等，下面对于目标企业获取的这三方面间接利益进行探讨。

根据迈克尔·波特（Michael Porter）的五力竞争模型，买方与卖方集中度是影响企业市场话语权的重要因素，因此同类别合作伙伴很少单一地依赖于某一个合作伙伴，而是与多个伙伴同时合作。例如，Y 公司除了与 S_4 密切合作，与 S_1 和 S_2 也保持着频繁的商业往来，隐形中增加了 Y 公司在与诸多供应商业务洽谈中的讨价还价能力，同时贯彻了“不把鸡蛋放在同一个篮子里”的原则，从而增加了企业运营的稳定性，降低了经营风险。从另一个角度讲，零和博弈的思维在企业界中仍然是较为普遍的存在，类似沃尔玛与供应商协同发展的商业生态系统思维，还有待于进一步发展。

对于企业网络成员，最优合作伙伴往往具有不对称性。韩莹等（2018）研究表明，网络成员更愿意与网络权力强大的企业（我们这里称其为核心企业）合作形成知识共享关系，即对方是自己合作伙伴的最优选择而自己却非对方的最优选择。在这种情况下，核心企业给出合作条件常常并不优越，但对目标企业的社会声誉实现了增值，对于其发展带来了社会资本。Y 公司总经理谈到，该公司与国内某著名高校合作研发，业务量和研发成本对 Y 公司都缺乏吸引力。不过考虑研发产品进行市场推广的时候，可以借助于著名高校的品牌效应，以及有利于后续合作的拓展，该合作仍然受到 Y 公司高度重视。

有些企业网络成员，不是企业运营中经常性的合作对象，但对于企业紧急且重要问题的解决却起到关键作用，因此也受到了重视。Y 公司平时的资金存储与借贷等都是与国有商业银行或者股份制商业银行交往，但遇到过桥贷款的时候，借贷成功与否对企业经营非常重要且时间紧急，常常与网络借贷等机构交易，尽管期限短但利率非常高。这些非常规企业网络成员，解决了企业燃眉之急而又增加了企业运行成本，在企业网络成员当中也扮演着重要角色。

其三，差序格局的社会网络，对企业网络成员评价与选择产生着不可小觑的影响。

中国自古就是一个人情社会，由血缘、姻缘、地缘、学缘等形成的差序格局，超越了政治和经济体制的范畴，对企业经济运营产生着深远的影响，甚至阎云翔（2006）认为中国经济的发展不会改变差序格局，还有可能依赖差序格局。在当今，“guanxi”已经成为英文词汇，它迥然不同于“relation”或“relationship”，特指中国社会文化情境下的人脉和关系网，区别于西方的“团体格局”而以“差序格局”显现出来，即以自我为中心，对不同“关系”的网络成员采取不同的交往法则（例如需求法则、人情法则和公平法则等）与之来往。可以说，商业网络中蕴含的社会网络直接影响着企业运行。

在访谈中，Y 公司总经理谈到其中一家原材料供应商 S_3，从公司目前经营考虑他应该只是一个非常普通的合作伙伴，但由于其在 Y 公司初创时期予以了大力协助而与董事长私人关系甚好，因此一直是 Y 公司主要合作伙伴之一。另外有一家研发机构，与 Y 公司在业务方面处于一般合作当中。由于研发机构的制度变革与人才引进力度的加强，Y 公司看好其发展潜力与合作前景，目前将其置于战略合作伙伴的地位。作为企业主导的管理人员并非完全理性，重利也重义，这是中国情境下的企业管理研究必须考虑的因素。

五、结　　语

作为公司治理的延伸，企业网络治理研究方兴未艾，企业网络成员评价与选择只是这个系统问题当中的一个子系统。在已有相关研究与调研的基础上，确定了不同类别企业网络成员评估指标体系，为了减小主观性赋权带来的误差采用管理熵确定各指标权重，并将其用于 TOPSIS 方法中，进行企业网络成员评价和选择这一 MODM 问题。Y 公司案例分析验证了这一思路的可行性，具有较高的现实应用价值。

研究同时也表明，对于不同产业和不同类别网络成员需要进行分类研究，这样才更具有现实价值。除了经济价值评估之外，网络成员给目标企业带来的社会资本增值，以及中国社会文化情境下的差序格局，也是企业网络成员评价与选择当中不可或缺的考量因素。显性因素与隐性因素相结合，商业属性与社会属性相结合，义利并举，这是研究主题的难点之所在，也是其研究意义之所在。

参考文献

［1］ Zeger Degraeve，Eva Labro，Filip Roodhooft. An evaluation of vendor selection models from a total cost of ownershipperspective ［J］. European Journal of Operational Research，2000，125：34 –58.

［2］ 刘晓、李海越、王成恩等：《供应商选择模型与方法综述》，载《中国管理科学》2004 年第 12 期，第 139 –148 页。

［3］ Dickson，G.，An Analysis of Vendor Selection Systems and Decisions ［J］. Journal of Purchasing，1996，2：28 –41.

［4］ 刘家国、赵金楼：《基于自我分类的供应链合作伙伴选择模型》，载《哈尔滨工程大学学报》2011 年第 6 期，第 835 –840 页。

［5］ 江世英、李随成：《供应链模式下的敏捷供应商网络成员选择》，载《统计与决策》2012 年第 1 期，第 56 –57 页。

［6］ Addo –Tenkorang R.，Helo P. Analysis of Enterprise Supply Chain Communication Networks in Engineering Product Development ［J］. International Journal of Logistics Management，2017，28（1）.

［7］ 刘学鹏、齐二石、刘亮：《定制生产模式下考虑中断风险的供应商选择研究》，载《工业工程与管理》2017 年第 2 期，第 21 –27 页。

［8］ 张萌、李国喜：《区间条件下基于理想决策法与灰关联分析的供应商选择方法（英文）》，载《中南大学学报（英文版）》2018 年第 5 期，第 1116 –1128 页。

［9］ Keith J. E.，Jackson D. W.，Crosby L. A. Effects of alternative type of influence strategies under different channel dependence structures ［J］. Journal of Marketing，1990，54（6）：30 –41.

［10］ Faulkner D.，Child J. Strategies of Cooperation：Managing alliances，Networks，and Joint Ventures ［M］. Oxford：Oxford University Press，1998：67 –89.

［11］ M. D. Hutt，Ord E.，Walker B. A.，et al. Case study –Defining the social network of a strategic alliance ［J］. MIT Sloan Management Review，2000，41（2）：51 –62.

［12］ 朱少英、徐渝、叶小青等：《创新网络环境下伙伴成员的搜寻与选择》，载《科学学与科学技术管理》2004 年第 2 期，第 30 –33 页。

［13］ 戴彬、屈锡华、李宏伟：《基于模糊综合评价的技术创新合作伙伴选择模型研究》，载《科技进步与对策》2011 年第 1 期，第 120 –123 页。

［14］王发明、刘丹：《产业技术创新联盟中焦点企业合作共生伙伴选择研究》，载《科学学研究》2016 年第 2 期，第 246－252 页。

［15］游达明、黄曦子：《突破性技术创新联盟伙伴选择评价指标体系研究》，载《求索》2016 年第 12 期，第 121－126 页。

［16］邵际树、余祖伟：《基于灰色关联度的虚拟企业合作伙伴选择评价方法》，载《统计与决策》2016 年第 23 期，第 40－43 页。

［17］王海军：《面向开放式协同创新的合作伙伴能力评价研究》，载《科学学研究》2017 年第 11 期，第 1726－1736 页。

［18］史文雷、阮平南、魏云凤：《网络组织成员重要度的评价方法》，载《科技管理研究》2019 年第 3 期，第 213－217 页。

［19］Rogov, M. A., Sedakov, A. A. Coordinated Influence on the Opinions of Social Network Members［J］. Autom Remote Control, 2020, 81 (3): 528－547.

［20］韩莹、陈国宏：《基于隐形契约的集群企业知识共享伙伴选择研究》，载《中国管理科学》2018 年第 1 期，第 179－185 页。

［21］阎云翔：《差序格局与中国文化的等级观》，载《社会学研究》2006 年第 4 期，第 201－213 页。

Evaluation of Enterprise Network Members Based on Entropy-weight TOPSIS Method under the Background of Differential Pattern

Yu Yonghai　Li Qiaoli　Hong Ruyan

Abstract: The evaluation of enterprise network members was the core component of the hot issue of enterprise network governance. Related research mainly focused on supplier network members. A small number of research on the other network members mainly discussed the business attributes and paid less attention to the social attributes. On the basis of the relevant research, the evaluation index system was constructed, the weight of every index was determined according to management entropy. The TOPSIS method was used to discuss the Multiple Objective Decision Making (MODM) problem in the classified evaluation of enterprise network members. Then an empirical study was carried out by taking Y Company as the object of the research. It was found that in addition to the dominant economic value, network members contained social capital and the pattern of difference sequence existed objectively in the situation of Chinese cultural, which determined that the research results of the TOPSIS method of entropy weight needed to be supplemented and analyzed. The MODM problem, which combined the cultural background of Chinese differential pattern and integrated business attributes and social attributes, was of great significance in both theoretical research and practical application.

Key words: Differential pattern　Enterprise network members　Evaluation　Entropy TOPSIS

新时代非公有制经济领域统战工作新情况、新问题及对策研究*

贺　城　刘向红**

摘　要： 中国特色社会主义进入新时代，针对新形势、新变化、新问题，非公有制经济的发展对统战工作提出了新的要求。更好地发挥非公有制经济对于我国经济发展的重要作用，需要在统战视角下进行系统阐述，分析新时代统战工作在非公领域的薄弱环节，提出适当的政策建议，促进非公有制经济健康、持续、稳定的发展。

关键词： 非公有制经济　统战工作　稳健发展

改革开放40多年来，中国经济高速发展，根据国家统计局的数据，1978年中国国内生产总值（GDP）从1978年的3678.7亿元增长到2019年的99.09万亿元。随着改革的不断推进，我国非公有制经济的作用日益突出，非公有制经济人士在各个领域的影响力越来越大。党的十九大报告指出，中国社会主义进入新时代，我国社会主要矛盾发生了重大变化。针对新形势、新变化，更好地发挥统一战线团结和帮助非公有制经济人士的重要作用，使非公有制经济继续蓬勃发展，有必要深入研究当前非公有制经济领域统战工作的新情况和新问题。深入贯彻落实习近平新时代中国特色社会主义思想和党的十九大报告精神，为当下非公有制经济领域统战工作出现的新问题探索相应的解决办法，为实现“两个一百年”奋斗目标贡献力量。

---

* 基金项目：沈阳市统战理论研究2018年重点课题“新时代非公有制经济领域统战工作新情况新问题及对策研究”（1911520049）的成果。

** 作者简介：贺城（1991～），辽宁沈阳人，沈阳药科大学马克思主义学院讲师，辽宁大学经济学院博士研究生，研究方向为社会主义市场经济理论；刘向红（1695～），辽宁沈阳人，沈阳药科大学马克思主义学院副院长，教授，研究方向为马克思主义理论与思想政治教育。

一、当前非公有制经济的发展状况

改革开放40多年，我国非公有制经济的发展经历了从无到有、从小至大的过程，从总体来看非公有制企业的发展是健康快速的，其中在一些行业、一些领域非公有制企业起到了举足轻重的作用。国家统计局官网数据显示，2015年，我国国有控股企业总资产为39.7万亿元，占比为38.83%；私营工业企业总资产为22.9万亿元，占比为22.38%；港澳台资与外资企业总资产为20.1万亿元，占比为19.67%。从表1的数据我们也可看出，非公有制经济的发展较快，在国民经济中的占比也不断提高，尤其是私营企业的发展速度非常快。

表1　　非公有制工业企业总资产　　单位：亿元

年份	工业企业资产总计	私营工业企业资产总计	港、澳、台商投资工业企业资产总计	外资工业企业资产总计
2000	126211.00	3873.83	11864.76	3687.31
2001	135403.00	5901.98	12634.50	4606.63
2002	146217.78	8759.62	13627.70	5901.59
2003	168807.70	14525.29	16218.57	8172.33
2004	215358.00	23724.80	20918.37	14329.31
2005	244784.25	30325.12	23874.76	17745.52
2006	291214.51	40514.83	27290.67	23084.23
2007	353037.37	53304.95	34070.75	28781.08
2008	431305.55	75879.59	39129.24	33729.85
2009	493692.86	91175.60	44514.34	36471.23
2010	592882.00	116867.83	52495.36	45120.47
2011	675796.86	127749.86	59954.15	47326.54
2012	768421.00	152548.13	66212.83	48781.42
2013	870751.10	187704.40	73052.56	52770.93
2014	956777.00	213114.42	78458.89	54554.99
2015	1023398.12	229006.48	83244.01	52850.78
2016	1085865.90	239542.71	88299.99	55055.44

资料来源：国家统计局官网。

非公有制经济不仅规模在不断增加，地位在不断提高，特别是一些优秀的非公有制企业不断涌现，促进了人民生活水平的提高。如阿里巴巴集团在电子商务和网上支付等领域，腾讯在社交、游戏、视频等领域，华为在通信设备、消费者业务等领域，百度在网络信息服务领域。其他的如万向、新希望、顺丰、万科、美团、小米、京东、苏宁、国美等企业，经过多年发展，在各自的领域都发挥着举足轻重的作用。习近平总书记在民营企业家座谈会上指出："40 年来，我国民营经济从小到大、从弱到强，不断发展壮大。截至 2017 年底，我国民营企业数量超过 2700 万家，个体工商户超过 6500 万户，注册资本超过 165 万亿元。概括起来说，民营经济具有'五六七八九'的特征，即贡献了 50% 以上的税收，60% 以上的国内生产总值，70% 以上的技术创新成果，80% 以上的城镇劳动就业，90% 以上的企业数量。在世界 500 强企业中，我国民营企业由 2010 年的 1 家增加到 2018 年的 28 家。"① 总书记一句话，充分概括了非公有制经济对我国经济社会发展起到的重要作用，也有力驳斥了所谓的"民营企业离场论"，为广大非公经济人士对企业的发展和自身的进步注入了一剂强心针。

具体来看，根据表 1 中的数据，随着国有企业改革的不断深入，国有企业逐步从竞争性领域脱离，非公有制企业得以在这些行业快速发展。而非公有制企业的规模、效益的提高，使市场上产品的质量和种类更为丰富和可靠，也极大提高了人们的生活水平，降低了人们的生活成本。非公有制企业的发展促进了市场竞争，一定程度上倒逼国有企业进行不断的改革，提高自身的核心竞争力，生产质量更好、成本更低、人们更满意的产品。

随着我国对外开放步伐的加快，非公有制企业面对外资企业的竞争也更加激烈。在日化领域，宝洁和联合利华两大跨国公司占据绝大部分的市场份额。根据欧睿信息咨询公司 2019 年的数据，在运动服饰领域，耐克和阿迪达斯两个品牌在中国的市场份额超过 40%，并且在盈利水平上远超国内运动品牌。在手机领域，苹果在中国市场的占有率不断下滑，国内品牌的市场认可度日趋提高，但在利润率对比方面却差距甚远。市场研究机构 Counterpoint 在 2017 年三季度对各手机厂商的利润进行了调查。调查结果显示，苹果手机单台利润高达 151 美元，是中国厂商平均每部手机利润的近 14 倍。仅以以上几个典型行业为例，与外资同行业企业对比来看，我国的民营企业在发展理念、组织管理、企业规模、技术研发和创新能力、品牌营造等方面，仍有一定的差距。

党的十八大以来，以习近平同志为核心的党中央提出了创新、协调、绿色、开

① 习近平：《在民营企业座谈会上的讲话》，载《人民日报》2018 年 11 月 02 日。

放、共享的新发展理念，指出创新作为引领发展的第一动力。十九届五中全会以来，党中央提出要认识贯彻新发展阶段、贯彻新发展理念、构建新发展格局的要求。想要转变经济发展方式，实现可持续发展，提高国家的核心竞争力，必须要在制造业、互联网、金融业等各个领域不断创新。

非公有制企业家要对公司的股东负责，实现企业的不断发展，使企业的规模和市场扩大、产品和技术革新，保证企业在市场上不断具有竞争力，否则就会被市场淘汰，被其他竞争者取得原本属于自己的产品份额。因此，非公有制企业的创新意识和危机意识是比较强的。如华为、阿里巴巴、美团、京东、滴滴等非公有制企业的管理者在各类场合多次强调企业要创新发展，并且每年投入大量的资金到研发领域。华为创始人任正非曾公开表述，华为每年研发经费中，约 20% ~30% 用于研究和创新，其余的资金用于产品的开发。华为每年投入销售收入 10% 以上的金额比例作为研发经费，其投入金额在世界研发投入排名中也是名列前茅的。见微知著，可以看出非公有制企业对于新时代我国国民经济的创新发展具有重要作用。

总之，改革开放四十多年来，从总体看非公有制企业的发展是快速和健康的。在非公有制企业中，有一批私营企业的品牌、规模、效益得到快速提升，企业在国内外市场的竞争力不断增强，在解决就业问题、增加国家税收、丰富社会产品、促进公益事业的发展、满足人民需求以及促进市场竞争等方面起到了至关重要的作用。

二、当前对非公有制经济人士统战工作存在的问题

我国的基本经济制度是以公有制为主体、多种所有制经济共同发展为基础。国有经济在我国国民经济中起主导作用，国有经济在多种所有制结构中占据支配地位，对整个国民经济具备强大的控制力，是社会主义基本经济制度的核心内容。非公有制企业作为社会主义市场经济的有机组成部分，对我国国民经济的发展具有重要影响，在发展理念和发展方式上却与国有经济有很大的不同。

当前，随着非公有制经济的不断发展，非公有制经济人士的重要性日益凸显。非公有制经济人士构成的复杂性导致其在政治观点、宗教信仰、价值取向、行为观念等方面的表现有很大的不同。具体来看，经济领域统战工作出现了新的情况和新的问题，表现在以下几方面。

（一）从当前非公有制经济自身发展来看

不同于公有制企业，非公有制企业在企业创造财富的分配上，实质上是按照生产要素参与生产做出的贡献去分配。根据国家统计局的数据，虽然近几年我国居民收入

基尼系数有所下降，但2019年全国居民收入基尼系数仍超过0.4。改革开放40多年来，非公有制经济的快速发展使企业股东和管理者的财富快速积累，在收入上不断拉大了与普通员工的差距。一方面，我国相关法律法规不健全，执行不严格，对企业的监管机制构建得并不十分完善。同时在我国经济快速发展的过程中，非公有制经济无论在质量和规模上都有了翻天覆地的变化。以财富世界五百强为例，民营企业已增加至28家，占总上榜中国企业的23.1%。见微知著，民营企业的发展速度是非常惊人的。与之对应的我们在资本市场、金融监管、环保督察等方面的发展与完善却并不能与非公经济发展速度相匹配。这也导致部分非公有制企业和非公有制人士通过非法手段，利用不公平竞争或是偷税漏税等行为攫取财富。另一方面，部分非公有制企业的管理者，思想素质不够高，法律意识淡薄，无视劳动法规，肆意克扣员工工资和延长员工工作时间，出现诸如公众热议的“996”“007”等工作超时现象。一些企业在规模不断提高、成本得到控制的同时，员工的工资和福利却没有得到相应的改善。可以看到的是，部分企业家并未在深刻理解社会主义市场经济下，在自身企业追求利润最大化的同时，认识到企业是要承担相应的社会责任、发挥先富带动后富的作用的。此外，不同于公有制经济有计划地组织和生产，非公有制经济企业的发展在一定程度上具有盲目和片面的特点，部分非公有制企业家的视野是有一定局限性的，非公有制企业存在着诸如规模较小、经营方式粗放、管理不规范，导致社会资源分配不均、商品产量过多、生态环境破坏等问题，非公有制企业家过分关注企业自身的经济效益，而忽视企业的社会效益。

（二）从非公有制经济人士本身来看

根据国家统计局官方网站的数据，2016年私营企业的数量为2309.2万户，私营企业和个体就业人员30859.2万人。应该看到，当前非公有制经济人士的人员构成是非常复杂的，知识水平和思想道德素质参差不齐。从当前的情况来看，非公有制经济领域的统战工作涉及的人员非常广泛。包括香港、澳门、台湾地区的企业家、海外归来的华侨华裔、归国留学人员，当然其中最主要的仍是中国内地（大陆）的非公有制企业家。改革开放之后涌现的非公有制企业家随着年纪的增长，体力精力的衰退，其所管理的企业面临着交接的问题。第一代非公有制企业家普遍的特点是文化程度不高，创造财富的动力强，富有冒险和拼搏精神，性格上坚韧不拔、不惧失败，管理经验和社会阅历更为丰富。典型的是所谓的1984年“中国企业家元年”这一代，涌现了许多优秀的企业家。而新一代的企业家处于互联网时代，文化知识水平更高，许多具有海外留学的背景，其在思想观念、管理方式、经营理念上与父辈具有很大的差异性，他们对体制、机制、制度以及自身所处的环境的评价有别于上一代人，因此对国家和社会的发展也提出了更高的要求。如 21 世纪以来，受益于互联网、大数据等红利而快速发展的一些企业，像美团的王兴、滴滴的程维、拼多多的黄铮、今日头条的张一鸣。

当前，部分民营企业家对党的路线、方针、政策不了解或存在顾虑，因此也不积极将资金投入国民经济发展急需的各个行业中去，甚至存在转移资产、移民国外的想法。当然，更多的民营企业家是积极进取、富有冒险精神、热爱公益事业的，他们忠于祖国、忠于人民，对党的领导充满信心，将自身的热情和经验投身于社会主义事业中，发展和壮大自己控股或管理的企业，勇于开拓其他行业。因此，面对日趋复杂的非公有制经济从业人员的结构，统一战线工作面对的对象更广、承担的任务更重、解决的问题更多，这都迫切需要我们在统战领域提出新的工作方法以适应非公有制经济认识的变化。

（三）从非公有制经济人士的诉求来看

目前，非公有制企业的发展环境仍有较大的改善空间，需要为企业家的成长营造更好的环境。第一，计划经济时代的一些观念依然没有消除，一些人仍存在着去体制内工作才是最好选择的看法，导致非公有制企业在人才的选取上较为被动。同时，由于市场经济的激烈竞争，非公有制企业工作的强度不断增加，所谓的“996”“白加黑”“打工人”等词在新时期的年轻人中引起了广泛的反响。也使当下毕业的大学生在选择自身未来职业发展时，倾向考取公务员、事业单位等相关的岗位。第二，非公有制企业家的社会认可度并不是很高。虽然在改革开放先锋人物中，已经有 21 位企业家代表，充分体现了党和政府对于非公有制经济经济人士的肯定和褒扬。但由于中国的传统观念以及当下贫富差距问题造成少数人对企业家存在“仇富”的心理。人们希望非公有制企业发挥起应有的经济作用，也要求非公有制企业家承担更多的社会职责。第三，非公有制企业家对自身的认知。所谓野蛮生长的时代已经过去，在双循环格局的今天，非公有制经济面临的竞争压力只增不减。面对压力，迎接挑战。在自身阶层经济实力日益扩大的同时，非公有制企业家也希望通过成为人大代表、政协委员，提高自身的社会地位，表达自身的政治诉求，通过发挥自身政治权力的影响获取经济利益。非公有制企业家希望自身能够受到更公平、公正的对待，在市场准入、企业税负、企业融资方面得到更多的支持，在相关法律的设定和执行上能够得到应有的保护，在经商环境、权益保护、公共服务、企业生产相关配套等各方面得到政府应有的帮助。

三、促进非公有制经济健康发展的统战对策

贯彻习近平总书记在党的十九大报告中对于统战工作的重要指示，找到最大公约数，画出最大同心圆。针对目前我国统战工作在非公有制经济领域存在的新问题，促进非公有制经济继续健康稳定发展，为建设社会主义现代化强国贡献应有的力量，在此提出以下几点建议。

（一）依托统一战线，加强非公有制经济人士的思想政治工作

我国非公有制经济的发展是在坚持公有制为主体的前提下，是在党和国家路线、方针、政策指引、鼓励和支持下实现的快速发展。因此，各级统战部门要发挥应有作用，教育和引导非公有制经济人士学习、理解党和国家的大政方针。

首先，要教育和引导非公有制经济人士坚定“四个自信”。各级统战部门和工作人员，要从实践和理论层面使非公有制经济人士明确意识到，只有中国特色社会主义才能发展中国，我们党对发展非公有制经济的信心是毫不动摇的，我国政府尊重和保护企业家的信心是十分坚定的。

其次，要教育和引导非公有制经济人士树立和弘扬社会主义核心价值观。针对当前新一代企业家和老一代企业家的不同诉求，各级统战部门的工作人员要及时倾听，深入调查研究，充分发现不同年代、不同行业的非公有制经济人士所发出的不同声音，找出其中普遍和特殊的问题。从价值观引领的角度予以宣传教育，使广大非公有制经济人士深刻明确自身的责任和使命。非公有制经济人士必须做到爱岗、敬业、诚信、友善，合法合规地利用党和国家的政策支持，遵守法律法规，在各自行业诚信经营、公平竞争，充分保障企业员工的合法权益。

最后，要建立健全非公有制经济人士的思想政治工作机制。各级统战部门应根据各自地区的情况，建立相应的长效机制，从而能够多方面、持续地提高非公有制经济人士的思想认识。如在不影响企业正常管理和运行的基础上，定期召开针对企业管理者的学习培训班。在课程的设置上既要考虑到当前党的大政方针，又要重点针对经济领域的相关情况进行阐述；利用好互联网资源，搭建各类互联网平台，使非公有制经济人士参与其中，定期在平台上发布相应的讨论主题，宣传各地区的经济政策等；利用好各自地区的高校资源，让相关领域的高校教师到非公有制企业做思想政治报告，也可让非公有制企业从业人员定期去高校学习，从而提高非公有制人士的思想认识。

（二）转变政府职能，提高统战工作能力

习近平总书记在党的十九大报告中指出："构建亲清新型政商关系，促进非公有制经济健康发展和非公有制经济人士健康成长。"① 政商关系无论从历史上来看，还是当下来讲，都是我国经济发展绕不开的一个重要问题。改革开放四十多年来，我国已初步建立了社会主义市场经济体制。但部分地区的一些官员仍存在着计划经济时期的思维方式，导致市场在资源配置中的决定性作用不能充分发挥，政府或存在缺位的问题，或存在越位的问题。因此，政府需转变职能，推动统战能力的提高。

首先，政府要更加尊重市场规律，进一步简政放权，进一步减少对资源的直接配置，营造一个健康的经营环境。一方面，各级政府要做有为政府，加强服务意识，将该放的权放到位，解决企业迫切需要解决的各类问题，真正放开相关行业对非公有制企业的限制，从而促进行业竞争、转型、升级。另一方面，各级政府要营造一个公平的经营环境，提高和完善监管水平。对于存在偷税漏税、损害环境、损害人民健康的企业要及时发现，严厉惩处。

其次，建设高水平的基础统战队伍。统战部门要想发挥党与非公有制经济人士之间的桥梁作用，需要一支人员素质高、工作能力强的队伍。要吸纳优秀的人才不断充实到统战队伍中来，深入调查研究，倾听研究非公有制经济人士的呼声。对非公有制经济发展过程中暴露出来的问题，要及时拿出富有针对性的解决办法，向政府相关部门提出切实可行的意见和建议，从而使统战工作真正落到实处，真正发挥作用，真正使非公有制经济人士感受到统战工作的重要性和必要性。

最后，政府要尊重和保护企业家。企业家是创业和创新的主体，是推动经济社会发展的中坚力量。古语云："有恒产者有恒心"。政府要从法律层面上保护企业家的财产权、创新权益、自主经营权益，要建立长效机制，使让企业家真正有一个放心、舒心的营商环境。

（三）充分发挥工商联和人民政协的作用

第一，工商联要充分发挥自身在政策宣讲、信息、人才方面的优势。定期请相关领域专家、学者为非公有制企业的发展做长远的规划，建立非公有制企业家的培训机制，提高企业家的经营管理水平、决策能力和对市场的分析判断能力。提供行业内前沿的信息、数据和技术，促进非公有制企业转型升级，避免部分企业重复投资，造成产能过剩、恶劣竞争的局面。与其他部门沟通、协作，为非公有制经济人士搭建引资

---

① 《习近平谈治国理政》（第三卷），外文出版社 2020 年 6 月版，第 31 页。

平台，重点支持高新技术行业的企业，促进解决企业融资难、融资贵的问题。

加强工商联对非公有制经济人士的教育引导力度，使广大企业家拥护党的领导，坚定社会主义信念。中国特色社会主义进入了新时代，我国社会主要矛盾发生了变化。如何引导非公有制经济人士认识这些变化，促进他们投入到新时代社会主义事业的建设中去，需要工商联在实际工作中不断探索和研究。工商联要加强自身建设，牢固树立“四个意识”，切实增强“四个自信”，提高业务能力，要深入基层，实事求是，真正为企业家办实事、解难题。

总之，工商联要坚决落实贯彻习近平新时代中国特色社会主义思想，为促进非公有制经济健康发展，为实现中华民族伟大复兴贡献力量。

第二，人民政协是具有中国特色的制度安排，是社会主义协商民主的重要渠道和专门协商机构。实现社会主义现代化，需要全国人民共同努力。这需要人民政协将能够团结的力量都团结起来，高度重视非公有制经济人士的重要作用，吸纳非公有制经济人士到人民政协队伍中来，调动他们的积极性，鼓励非公有制企业家提出自身的看法、观点、建议，充分发挥这一群体参政议政的作用，不断壮大人民政协的组织力量。

人民政协要加强对非公有制经济人士的引导。引导非公有制企业家将自身的发展与祖国和人民的命运紧密联系在一起，从思想和行动上杜绝类似西方资本主义社会资本家剥削劳动人民的不当行为。引导非公有制企业家深入学习习近平新时代中国特色社会主义经济思想，提高对企业创新能力的重视和投入，转变企业的发展方式，提高企业的核心竞争力。引导非公有制经济人士积极参与公益事业，要致富思源，义利兼顾，自觉履行社会责任，为在全面建成小康社会的基础上建设社会主义现代化强国贡献自身力量。

参考文献

[1] 习近平：《关于〈中共中央关于全面深化改革若干重大问题的决定〉的说明》，载《人民日报》2013 年 11 月 16 日。

[2] 习近平：《习近平谈治国理政》（第二卷），外文出版社 2017 年版，第 257 - 259 页。

[3] 孙春兰：《新形势下统一战线事业的科学指导和行动指南——深入学习贯彻中央统战工作会议精神》，载《人民日报》2015 年 6 月 4 日。

[4] 王连法：《非公有制经济人士思想政治态势与统战工作》，载《中央社会主义学院学报》2002 年第 2 期，第 67 - 70 页。

[5] 李仁质:《经济统战重点是做好非公有制经济人士的统战工作》,载《广西社会主义学院学报》2011 年第 6 期,第 11 - 13 页。

[6] 吴晓波:《激荡三十年》,中信出版集团 2017 年版,第 208 页。

[7]《习近平:在民营企业座谈会上的讲话》,载《人民日报》,2018 年 11 月 02 日。

[8] 江泽民:《论社会主义市场经济》,中央文献出版社 2006 年版,第 203 页。

Research on the New Situation, New Problems and Measures of the United Front Work in the Non-public Sectors of the Economy in the New Era

He Cheng　Liu Xianghong

Abstract: Socialism with Chinese characteristics has entered a new era. In response to new situations, new changes and new problems, the development of the non-public sector of the economy has put forward new requirements for united front work. To better play important role of the non-public economy in economic development, we need to systematically elaborate from the perspective of the united front, analyze the weak links of new era united front work in the non-public domain and raise appropriate policy recommendations to promote the healthy, stable and sustainable development of non-public economy.

Key words: The non-public sector of the economy　United front work　Steady development